HISTÓRIA ORAL
NA SALA DE AULA

COLEÇÃO **PRÁTICAS DOCENTES**

Ricardo Santhiago
Valéria Barbosa de Magalhães

HISTÓRIA ORAL
NA SALA DE AULA

autêntica

Copyright © 2015 Os autores
Copyright © 2015 Autêntica Editora

Todos os direitos reservados pela Autêntica Editora. Nenhuma parte desta publicação poderá ser reproduzida, seja por meios mecânicos, eletrônicos, seja via cópia xerográfica, sem a autorização prévia da Editora.

COORDENAÇÃO EDITORIAL DA
COLEÇÃO PRÁTICAS DOCENTES
Maria Eliza Linhares Borges

CONSELHO EDITORIAL
Ana Rocha dos Santos (UFS)
Celso Favaretto (USP)
Juarez Dayrell (UFMG)
Kazumi Munakata (PUC-SP)

EDITORA RESPONSÁVEL
Rejane Dias

EDITORA ASSISTENTE
Cecília Martins

REVISÃO
Aline Sobreira
Lívia Martins

PROJETO GRÁFICO DE CAPA E MIOLO
Diogo Droschi

CAPA
Alberto Bittencourt
(Sobre foto de Fernando Cássio)

DIAGRAMAÇÃO
Conrado Esteves

Dados Internacionais de Catalogação na Publicação (CIP)
(Câmara Brasileira do Livro, SP, Brasil)

Santhiago, Ricardo

   História oral na sala de aula / Ricardo Santhiago e Valéria Barbosa de Magalhães . -- 1. ed. -- Belo Horizonte : Autêntica Editora, 2015. -- (Coleção Práticas Docentes)

   ISBN 978-85-8217-431-9

   1. Educação 2. Escolas - Memórias 3. História oral 4. Professores - Formação 5. Sala de aula I. Magalhães, Valéria Barbosa de. II. Título. III. Série.

15-00907   CDD-370.9

Índices para catálogo sistemático:
1. Educação : História oral   370.9

GRUPO AUTÊNTICA

Belo Horizonte
Rua Aimorés, 981, 8º andar . Funcionários
30140-071 . Belo Horizonte . MG
Tel.: (55 31) 3214 5700

São Paulo
Av. Paulista, 2.073, Conjunto Nacional,
Horsa I . 23º andar, Conj. 2301 . Cerqueira César . 01311-940 . São Paulo . SP
Tel.: (55 11) 3034 4468

Televendas: 0800 283 13 22
www.grupoautentica.com.br

APRESENTAÇÃO 7
INTRODUÇÃO 21
    Um pouco de história 24
    História oral do Brasil, história oral no Brasil 26
    O uso pedagógico da história oral 28

PARTE 1

HISTÓRIA ORAL E MEMÓRIA: O QUE É E COMO SE FAZ 35

    A memória não é fixa: Recordar para contar 35
    Como a memória humana funciona 37
    A memória é seletiva, e a literatura pode ajudar a entendê-la 39
    Identidade e memória: Quem somos nós e a que grupos pertencemos? 42
    Qual a diferença entre história oral e tradição oral? 44
    Subjetividade, diálogo, linguagem 45
    As modalidades de história oral 47
    Ética em história oral 49
    Da oralidade à escrita 52

PARTE 2

OUVIDOS ATENTOS: A ENTREVISTA COMO PRÁTICA PEDAGÓGICA 55

    Orientações a professores e dirigentes de escola 57
    Etapas do trabalho com história oral 60
    Uso pedagógico do material coletado 64
    Utilizando as entrevistas em diferentes disciplinas 65

A relação da história oral com o desenvolvimento de habilidades 78
O projeto de história oral: como fazer......................80
Exercícios de sensibilização para a prática de entrevistas..96
Antes da entrevista...107
O momento da entrevista.....................................112
Algumas dicas para a entrevista...........................115
Após a entrevista..117
O trabalho com a entrevista pronta......................122
O processo de análise de entrevistas....................130
O que fazer com as entrevistas?...........................134
Avaliando um projeto de história oral..................147

PARTE 3

O QUE SÓ AS HISTÓRIAS CONTAM: FONTES ORAIS NA SALA DE AULA 153

As fontes orais no ensino......................................154
Preconceito e diversidade.....................................159
A linguagem da experiência..................................169
Mulheres e relações de gênero.............................174
Direitos e lutas..180
Ecologia e meio ambiente.....................................184
Deslocamentos urbanos..188
Ditadura Militar no Brasil......................................193
Histórias dos bairros e das cidades......................197

MENSAGEM FINAL AO PROFESSOR...............................201
REFERÊNCIAS 203

APRESENTAÇÃO

Memórias ao alcance das mãos, dos olhos – e dos ouvidos

Não é preciso pensar muito para descobrir por que razão tantos historiadores, sociólogos, jornalistas e pesquisadores de diversas áreas veem a história oral como um recurso de pesquisa fascinante. Ela permite, através da fala e da escuta, do registro de histórias narradas, entrar em contato com a memória do passado e a cultura do presente. Por meio dos relatos de quem testemunhou e viveu experiências que merecem ser contadas, a história oral reforça laços entre pessoas, gerações, comunidades e tempos.

Seja por seu papel valioso como fonte e como processo de construção de conhecimento, seja pela riqueza inerente à experiência de ouvir e de registrar histórias, a prática da história oral pode ser transposta para o ambiente educacional de maneira promissora e instigante. Sob variadas formas, ela pode ser utilizada em sala de aula como instrumento pedagógico interdisciplinar, que permite a estudantes (e a professores também) aprenderem com relatos oferecidos em primeira mão, com testemunhos originais que reforçam os sentimentos de pertencimento, integração e responsabilidade histórica. Felizmente, parece estar ficando para trás o tempo em que instituições públicas e privadas demonstravam pouca atenção com a preservação, o registro e a valorização da memória. Tomar parte nesse movimento, convocando a história oral como uma das ferramentas de ensino em sala de aula, é uma forma de não somente estimular a memória, mas também de agir em favor dela.

Este livro, *História oral na sala de aula*, mapeia alguns dos caminhos para isso, oferecendo a educadores e a seus alunos os conteúdos essenciais para a implementação desse recurso. O uso programado da história oral – indo além de um exercício episódico com entrevistas nas aulas de História – pode servir a diferentes disciplinas, inclusive a projetos interdisciplinares; pode ajudar os estudantes a descobrirem mais sobre assuntos específicos e, ao mesmo tempo, a treinarem habilidades amplas; pode contribuir para o aperfeiçoamento do raciocínio e do senso crítico, para estimular a curiosidade e a iniciativa, para refinar a sensibilidade e a perspicácia no trato com o outro. Basta encontrar e perseguir as trilhas adequadas – e esperamos que este livro colabore para essa descoberta.

No Brasil, a demanda e a aplicação da história oral têm crescido sensivelmente, acompanhando o ritmo da sociedade na consolidação de seus pilares democráticos. As iniciativas de registro e de valorização da memória se espraiam por todas as partes – mas, no que diz respeito à aplicação da história oral na sala de aula, ainda há um longo caminho a percorrer. Pouco há para se ler sobre o assunto – e este trabalho nasceu justamente dessa constatação. Os professores que estiverem interessados em engajar seus alunos na coleta, na interpretação e na difusão de memórias têm à disposição, com poucas exceções, alguns textos que abordam o assunto de forma abstrata, ou, o que é mais frequente, que somente estimulam essa apropriação, sem necessariamente abordar as técnicas, os desafios, os significados e as potencialidades da introdução da história oral na prática educacional.

Está na hora de falar sobre tudo isso – e decidimos fazê-lo apresentando ao professor os fundamentos teóricos e conceituais que embasam a história oral, principalmente fornecendo a ele um roteiro claro e prático para sua aplicação, partindo de uma perspectiva interdisciplinar. Sem o planejamento adequado, as boas intenções no uso pedagógico de entrevistas podem se esfacelar; por isso, buscamos oferecer ao docente um roteiro que ele possa ter em mãos ao longo de todo o seu trabalho, desde a reflexão sobre os conceitos que circundam a história oral até sua utilização em sala de aula. O trabalho do professor também é um trabalho criativo: nossas ideias e propostas podem e devem ser adaptadas às circunstâncias singulares que cada profissional encontrará em sua região, em sua escola, em suas turmas. A localização geográfica de uma instituição pode influenciar a seleção de temas e estratégias de pesquisa. O nível de cada turma pode ter um impacto decisivo na forma como os estudantes reagirão à proposta de trabalharem com história oral. Os instrumentos de pesquisa sugeridos poderão variar de uma instituição para outra, sendo mais ou menos acessíveis. As adaptações serão necessárias e até mesmo bem-vindas, e, para isso, andaremos lado a lado com o professor-leitor nesse ainda misterioso universo das histórias narradas.

A sala de aula e suas transformações

No que diz respeito à história (entendida como uma dimensão presente nas diversas disciplinas escolares), não apenas o passado distante tem sido considerado digno de ser objeto de ensino. Tempos longínquos ou remotos – que, deve-se frisar, têm a maior importância para a formação do aluno e não podem ser desprezados como se fossem material inútil, velho e sem relação com a atualidade – vêm dividindo espaço com o tempo presente. Este, antes praticamente ignorado nos conteúdos programáticos escolares, está cada vez mais inserido em uma educação preocupada em fazer com que o estudante seja capaz de reagir aos desafios de seu próprio tempo, seja capaz de agir e de tomar decisões diante dos fenômenos que se desenrolam frente a seus olhos. Tal situação vem se alterando lentamente e exige que o professor adote novas posturas.

A história oral vai ao encontro de seu tempo. Como instrumento educativo relativamente novo, ela se alinha às muitas demandas e questionamentos de modernas teorias pedagógicas. Oferece um sopro de ar fresco em meio a discussões sobre as melhores formas de ensinar e aprender, sobre os conteúdos ensinados em cada uma das disciplinas escolares, sobre a ênfase colocada no papel do professor ou às potencialidades do aluno, sobre as ferramentas alternativas de ensino a que se pode recorrer, sobre a necessidade de uma aproximação maior entre o conteúdo escolar e a vida do estudante. Ao mesmo tempo, a história oral se vincula a práticas mais amplas de valorização de identidades e de culturas plurais. Apresenta-se como estratégia pedagógica valiosa em um cenário em que movimentos sociais e grupos identitários impactam o ensino, reivindicando sua inclusão como agentes dos sistemas de educação e de sua representação adequada em livros didáticos.

Ao mesmo tempo, uma concepção tradicional de ensino, como aquela que se volta essencialmente para a difusão de saberes prontos e que encara o aluno como mero receptor de informações, vem sendo desafiada. Nesse modelo, o aprendizado seria visto quase como uma técnica de memorização – e essa memorização constituiria o único elemento estimulado, em detrimento de outras habilidades e capacidades. A história oral, como ferramenta de ensino, ajuda a alterar esse quadro. Ela diversifica caminhos em direção ao conhecimento, porque valoriza a autonomia do aluno e proporciona um aprendizado ativo, participativo e colaborativo. Ela permite que o aluno não seja apenas um receptáculo de dados – e que passe para a condição de sujeito ativo, criativo, do conhecimento. Ao produzir fontes de informação e consolidar conhecimento, o interesse do estudante pelo objeto de aprendizagem tende a aumentar.

Para William e Richard Ayers (2012), a história oral pode ser vista como uma pedagogia revolucionária, porque conduz o trabalho não pelas respostas – e sim pelas perguntas. Segundo eles, os estudantes aprendem, com esse método, a se apropriar de seus projetos, construindo um conhecimento democrático que deriva do contato, da interação com o outro. Sendo uma forma de trabalho que exige o contato entre pessoas e a atenção ao diferente; que proporciona o relacionamento do aluno com sua comunidade; que registra informações ausentes em outros tipos de documentos; que revela visões destoantes sobre fatos já conhecidos, ela planta dúvidas sobre o saber instituído e assim estimula o debate e a prática de pesquisa, tão necessários na cultura escolar. Pode então surgir das mãos dos alunos um saber orgânico e autoral. Ela exige e estimula a criatividade, a sensibilidade e o envolvimento.

Como resultado, a história oral não apenas cria um conjunto de novas entrevistas (embora isso, em si, tenha inestimável valor). Ela fortalece o comprometimento do aluno, sua seriedade, sua proatividade. Coloca seus instrumentos de comunicação oral e escrita em cena. Permite que ele toque os conteúdos escolares e os entenda de modo mais amplo e conectado ao mundo. A história oral, em suma, pode ser uma massa de ligação entre aspectos antes fragmentados da vida vivida e ensinada. Ela tem valor como ferramenta de diálogo entre pessoas, gerações, grupos; como instrumento decisivamente ligado ao respeito à alteridade, à cidadania, à igualdade. A escuta de histórias de vida proporciona ao aluno compartilhar visões, ideias e opiniões; ficar sensível às diferenças entre as pessoas, na medida em que exige o contato com situações de vida e opiniões diferentes. E tudo isso é feito na esfera do concreto.

Importante intelectual da área de Psicologia Social e autora de trabalhos canônicos na área de história oral, Ecléa Bosi (2003, p. 13) escreveu:

> A história que estudamos na escola não aborda o passado recente e pode parecer aos olhos do aluno uma sucessão unilinear de lutas de classes ou de tomadas do poder por diferentes forças. Ela afasta, como se fossem de menor importância, os aspectos do cotidiano, os microcomportamentos, que são fundamentais para a Psicologia Social.

Seria possível estender tal percepção e afirmar que esses elementos são fundamentais para a vida, para a cultura e para a experiência humana. Em um momento privilegiado dessa experiência – o de formação –, a história oral poderia exercer a função de "religação". Ela religaria as pequenas e singulares histórias ao fluxo da sociedade; os alunos (na qualidade de pesquisadores) às suas comunidades; o conhecimento escolar à sociedade, socializando o processo de construção e difusão do conhecimento. É um recurso que desperta as perspectivas que falam em favor de um reforço da consciência histórica, científica, cultural, das pessoas e de suas comunidades.

A história oral tem ainda um grande potencial para tratar de questões ligadas ao patrimônio, especialmente imaterial: pode, por exemplo, ser utilizada para envolver os alunos em estudos de festas, tradições e manifestações culturais.

Quando se fala em patrimônio, costuma ocorrer a lembrança imediata de edifícios antigos, monumentos, estátuas, parques nacionais, enfim, de lugares chamados de "históricos" (na realidade, tudo é histórico), que por alguma razão se reconhece que devam ser preservados. Em geral, esse patrimônio edificado é objeto de várias estratégias de preservação. Isso é muito elogiável, mas pode deixar à sombra outros elementos que por muito tempo não foram considerados dignos do título "patrimônio". Nesse processo, há escolhas, e muito do que se poderia chamar de histórico nunca passa a ser considerado oficialmente como patrimônio. A esse respeito, cabe mencionar as palavras de Haroldo Camargo (2005): "os espaços e os objetos existem numa dimensão e para uma finalidade dada e são recriados simbolicamente para outras destinações e usos. As relações entre Turismo e Patrimônio se definem historicamente em função do valor econômico dos monumentos".

Existe também o chamado "patrimônio imaterial". Os elementos imateriais do passado constituem parte da memória e da identidade de um grupo. Sua preservação como forma de valorização da comunidade depende de transmissão por meio da memória.

> Segundo a Unesco, "o Patrimônio Cultural Imaterial ou Intangível compreende as expressões de vida e tradições que comunidades, grupos e indivíduos em todas as partes do mundo recebem de seus ancestrais e passam seus conhecimentos a seus descendentes". (Disponível em: http://www.unesco.org/new/pt/brasilia/culture/world-heritage/intangible-heritage/, acesso em: 10/02/2015).

Os patrimônios imaterial e material de uma sociedade devem, portanto, ser valorizados pelas novas gerações, atitude que se aprende por meio da educação. A história oral como ferramenta de sala de aula tem um papel importante no conhecimento que os alunos podem adquirir sobre as tradições, os saberes e as práticas do grupo no qual estão inseridos. Isso porque o patrimônio imaterial dificilmente está registrado em outras fontes além da memória das pessoas; nesse sentido, memória é também patrimônio, e uma de suas formas pode ser capturada pelo gravador.

Razões para o uso da história oral na sala de aula

Um pintor que quiser representar em sua tela o ensino no século XXI não poderá se satisfazer com a imagem de quatro paredes fechadas, na qual um professor, de seu púlpito, ilumina os alunos com aquilo que eles não conhecem. O modelo de ensino que se deseja e se desenha é interativo; consiste em uma relação entre professores e alunos, e entre estes e o mundo, com todas as suas possibilidades de descoberta. De um isolamento relativo, passamos, pois, a um cenário em que professor e alunos são pontos de um grande e intenso diálogo.

A história oral pode ser entendida como materialização desse diálogo. Ela insere alunos, professores, livros e narradores em uma mesma conversa cultural. Ela é interativa e inerentemente disciplinar, resistindo à compartimentalização do conhecimento e fomentando, mais uma vez, os diálogos entre diferentes campos do saber. As vidas das pessoas (e as entrevistas que as revelam) são refratárias às disciplinas e lançam luz sobre vários aspectos da sociedade, do mundo, da experiência humana. Por isso tudo, a história oral ganha força. Em uma era de transformações profundas em nossas concepções sobre os processos de ensino-aprendizagem e sobre o próprio conhecimento – acompanhadas por novidades pedagógicas de significado discutível –, a história oral é um poderoso recurso de aproximação e construção de teias de diálogo.

Essas teias saltam à vista, permitindo que os estudantes:

- sejam agentes do conhecimento, desenvolvendo a curiosidade e a habilidade investigativa e participando ativamente no processo de construção do conhecimento;

- tenham um aprendizado mais agradável e participativo, mobilizando habilidades diferentes daquelas normalmente requeridas em sala de aula. Múltiplas inteligências – inclusive a inteligência de saber lidar com outras pessoas e com suas emoções – são despertadas;
- diversifiquem suas fontes de informação, percebendo que há diferentes formas de compreender e explicar os fatos e a realidade;
- desenvolvam o pensamento crítico na leitura de suas fontes de informação e atentem para o fato de que elas não falam por si mesmas, mas dependem da intervenção ativa do pesquisador;
- sensibilizem-se diante de pessoas diferentes, aprendendo a conviver com a diversidade de maneira respeitosa;

> Ouvindo as histórias dos mais velhos, os alunos percebem mais facilmente que eles próprios têm um passado e que terão um futuro, compreendendo que suas ações têm repercussão no tempo. Os jovens passam a valorizar as experiências dos mais idosos, reconhecendo-as como conselhos úteis.

- passem a se reconhecer como protagonistas e produtores de história, reforçando sua consciência histórica;

> A história oral ajuda o estudante a entender que a história não é feita somente por grandes homens, com seus grandes feitos – mas abrange, igualmente, as histórias de todos os outros indivíduos, permeadas por projetos, desejos, expectativas, emoções, sonhos e frustrações.

- entendam, com maior facilidade, conceitos abstratos (tempo, espaço, individual, social, local, nacional, por exemplo) que aparecem concretamente nas histórias de pessoas;
- exercitem suas habilidades na comunicação oral e escrita, em cada um dos momentos de trabalho.

Por que um livro a esse respeito?

A utilização da história oral em sala de aula ainda tem sido relativamente tímida no Brasil. Estudantes de graduação de diversas áreas vêm sendo cada vez mais expostos a essa metodologia – mas, no ensino básico, existe um vasto terreno a ser explorado. Essa ausência se deve, em parte, ao fato de que os livros de metodologia de ensino das diferentes disciplinas pouco ou nada tratam do assunto – e, como sabemos, a atuação do professor em sala de aula é, em grande medida, baseada nos materiais que ele recebe, nas receitas prescritivas que chegam às suas mãos. Os livros didáticos são uma ferramenta vital para a maior parte dos educadores. Não é difícil entender o porquê: diante da difícil carga horária cumprida por muitos desses profissionais, tais publicações são um alívio, por oferecerem organização curricular, cronograma, atividades, materiais complementares. Assim, é usual encontrar quem adote esse instrumento como sua principal, se não única, ferramenta.

Ao mesmo tempo, os livros didáticos apelam cada vez mais a imagens: fotografias e ilustrações inseridas em projetos gráficos sofisticados e muito bem acabados. Nesses casos, a visão é estimulada, mas qual é o espaço da escuta? Escutar é uma atividade que enriquece a formação do cidadão, propiciando a tolerância e a compreensão de que a realidade é rica em versões e em diversos modos de ver o mundo. Valorizar a escuta pode cooperar para uma diversificação nas formas de sentir, vivenciar e entender a realidade.

A vida das pessoas (pelo menos daquelas que não são entendidas como os "grandes homens", que não são figuras públicas, tais como políticos ou mesmo líderes de movimentos sociais, respaldados por uma legitimação coletiva) raramente é exposta nos livros didáticos. As histórias narradas, menos ainda – e, embora isso venha se modificando, ainda há muito a se aperfeiçoar. Quando convocam estudantes à experiência da entrevista, muitos livros didáticos e apostilas carecem de instruções específicas: pressupõe-se que todos saibam entrevistar, engajar outras pessoas nos diálogos, conseguir bons relatos, interpretá-los adequadamente, associá-los aos conteúdos escolares obrigatórios.

Diversas publicações têm ampliado os instrumentos disponíveis para o ensino de História e humanidades: recorrem a documentos escritos, jornais, literatura, letras de música, estudo do meio, mapas, cultura material, museus, fotografia e cinema – mas pouco se diz sobre a história oral. Existe, efetivamente, uma lacuna a ser preenchida. Com o uso da história oral na sala de aula, não se estará menosprezando outros materiais, mas apenas fornecendo mais uma ferramenta para o desenvolvimento de propostas de trabalho tão diversas quanto potentes em sala de aula; mais uma possibilidade, mais uma fonte diferenciada. Uma história viva.

Existem casos, é verdade, de educadores que descobrem a história oral e querem utilizá-la como ferramenta pedagógica. Há também situações em que, comprometidos com a história local ou com questões locais, os professores se lançam à prática da entrevista visando se aproximar da comunidade que os cerca. Várias publicações de história oral têm servido a esses profissionais – mas elas são prioritariamente voltadas ao público acadêmico, e não ao professor da educação básica. Quando apresentam uma chave para o uso pedagógico da história oral, costumam percorrer um caminho predominantemente teórico, quando não apenas motivacional. Diante das dificuldades em transformar o potencial da história oral em uma experiência prática, muitos professores desanimam. Ao lado disso, sabemos que vários profissionais e instituições utilizam entrevistas prontas, realizadas por outras pessoas, para despertar os alunos para um determinado assunto. Isso também é válido – mas, em vez de fim, pode se transformar em um meio para uma experiência exitosa de aprendizado ativo.

O livro *História oral na sala de aula* pretende contribuir para o exercício e a prática de uma cultura escolar mais participativa e inclusiva, indicando caminhos para a aprendizagem, a exploração e o aprofundamento de mais essa ferramenta pedagógica. Mas será que precisamos de um livro inteiro para compreender como aplicar a história oral em sala de aula? Parece-nos que sim: embora seu uso não seja uma tarefa das mais difíceis, ela também não é fácil. Exige método, preparação, planejamento e uma série de instrumentos e conhecimentos prévios que nossas próximas páginas irão atravessar. Boas ideias podem se dissolver na ausência desses elementos. Certamente existem, em muitos lugares, professores que gostariam de colocar seus alunos para entrevistarem (seja pela experiência da entrevista, seja pelos resultados a que chegariam), mas não sabem como pôr isso em prática. Quando fazem essa tentativa, por vezes produzem resultados desiguais ou param no meio do caminho: o projeto de história oral é, no início, objeto de muito entusiasmo, mas esse sentimento precisa ser combinado a planejamento e comprometimento para que tenha a continuidade desejada.

Este livro serve ainda para chamar a atenção para os cuidados e limites no uso da história oral em sala de aula. Nós certamente entendemos que ela consiste em uma forma de fazer com que os alunos se sintam parte do processo de ensino-aprendizagem e que queiram discutir criticamente o conhecimento. Justamente por isso é essencial evitarmos caminhar na direção oposta, banalizando a atividade da pesquisa. Há quem diga que, por realizar um projeto com entrevistas, o aluno se transforma instantaneamente em um "mini-historiador". Podemos usar essa imagem em um sentido lúdico, mas é preciso também reconhecer as instâncias que regulam e legitimam a construção do conhecimento. Em um trabalho experimental, o aluno vivencia situações e amplia seu repertório – sem que o professor precise dar a entender que o trabalho feito nessas circunstâncias equivalha ao de um pesquisador profissional. Dentre os alcances do uso da história oral como ferramenta didática, sabemos que ela se conecta a diferentes disciplinas, que estimula habilidades variadas (e muitas vezes imprevistas) e que desperta os alunos para o valor e as especificidades das histórias narradas, das memórias, da oralidade e, sobretudo, da alteridade. Contudo, é saudável lembrar que essa ferramenta não responde pela totalidade das questões que pontuam a experiência e a cultura escolar.

A quem este livro se dirige e como ele está organizado

Há vários anos, vimos trabalhando com história oral em nossas pesquisas. Especificamente, desde 2009, no âmbito do Grupo de

Estudo e Pesquisa em História Oral e Memória (Gephom), sediado na Universidade de São Paulo, temos ministrado cursos e oficinas para professores, como atividades de extensão. Tentamos apresentar a eles instruções práticas para a execução da história oral em sala de aula, complementadas por uma introdução a questões teóricas e conceituais que esse trabalho suscita. Testemunhamos a excitação de muitos educadores com essa possibilidade – e, igualmente, suas dificuldades e inseguranças ao tirá-la do papel. A partir das dúvidas, dos questionamentos, dos comentários e dos relatos de experiência que ouvimos, foi possível mapear os tópicos essenciais que uma publicação-guia deveria conter.

Buscamos oferecer, neste livro, um roteiro eminentemente prático, mas orientado por conceitos. Nossas pesquisas têm um lugar de realização específico: a academia. É de lá que buscamos transpor o método da história oral para o âmbito da educação, levando em conta sua natureza e suas características. Voltado a professores, bem como a coordenadores e diretores de escola, *História oral na sala de aula* é, de toda forma, apenas uma introdução ao tema. Escrito para suprir a carência de publicações que orientem os educadores no uso pedagógico da história oral, ele também indica caminhos para que os interessados ampliem o que sabem sobre o tema, a fim de instruir seus alunos da maneira mais adequada e completa possível.

Visamos, com este livro, atingir fundamentalmente o educador do ensino médio, já que as atividades propostas são mais coerentes com os estudantes desse nível, que usualmente dispõem de tempo e envolvimento maiores com a escola e, além disso, estão mais preparados para ser expostos a uma literatura mais acadêmica. O estágio de desenvolvimento dos alunos deve sempre ser levado em conta a fim de evitar a proposição de tarefas cuja habilidade para a realização eles ainda não dominem, até mesmo para não gerar expectativas que não se cumpram.

Porém, incitamos o professor a se apropriar de cada uma das páginas que escrevemos, como se elas fossem janelas para um universo sempre fascinante. Desejamos que o professor não apenas alargue e aperfeiçoe nossas propostas – mas que também as adapte, modele, torneie, de acordo com sua realidade institucional e com as vidas que estão diante de seus olhos. Uma das características mais admiráveis da história oral é sua flexibilidade: os caminhos possíveis não são camisas de força. Por isso, o professor também saberá se é possível envolver alunos de ensino fundamental em sua proposta, por exemplo, adequando as temáticas e dimensionando as sequências didáticas ao momento de aprendizagem de seus estudantes. A história oral é um método generoso para quem estiver disposto a com ele criar e aprender.

Conhecer um pouco sobre a história da história oral é importante para que compreendamos sua polifonia. É o que fazemos na "Introdução" do livro. Revisaremos os principais momentos e desafios para a consolidação desse método e apresentaremos um histórico do seu uso pedagógico em outros países. Em seguida, iniciaremos efetivamente a apresentação da prática, da teoria, dos principais conceitos que a conformam.

A primeira parte, "História oral e memória: o que é e como se faz", é dirigida essencialmente aos educadores. Trata-se de um resumo dos principais conceitos que fundamentam a prática da história oral: seus pilares e suas interfaces (memória, identidade, linguagem, diálogo, subjetividade); suas modalidades (história de vida e história temática); sua articulação com a tecnologia; suas preocupações éticas; suas inter-relações com os universos da oralidade e da escrita. Cada um desses tópicos consiste em uma dimensão fundamental do nosso trabalho. Recomendamos que o professor se empenhe para compreender essas dimensões antes de partir para a prática; ou então ele se sentirá atuando sobre areia movediça, sem as bases que sustentam o uso efetivo do método. Nesta parte do livro, incluímos também exercícios de sensibilização destinados a ajudar o docente a refletir, com base em suas experiências pessoais e profissionais, sobre história oral e memória.

Na segunda parte, "Ouvidos atentos: a entrevista como prática pedagógica", apresentamos um guia prático para emprego da história oral em sala de aula. Com sugestões de projetos, que vão desde a concepção da sistemática de trabalho até o arquivamento e a apresentação dos resultados, em uma perspectiva sempre interdisciplinar, buscamos auxiliar os professores na empreitada de levarem seus alunos a campo para a realização de entrevistas. Esse é o modelo pedagógico que vem sendo chamado de história oral ativa, pela qual o próprio aluno irá constituir e interpretar uma história oral: estudar um assunto, realizar entrevistas, analisar o material resultante, explorar formas de apresentação pública, avaliar sua experiência.

Em "O que só as histórias contam: fontes orais na sala de aula", a terceira parte do livro, exploraremos o modelo pedagógico de uma história oral passiva, na qual o professor leva à sala de aula materiais previamente preparados; isto é, apresenta fontes orais já consolidadas por outros pesquisadores e as integra a suas sequências didáticas. Embora essa modalidade tenha sido usualmente relegada na literatura sobre o assunto, ela é provavelmente a mais empregada pelos educadores, mesmo que estes não tenham total clareza das dimensões da história oral que ela toca. Fontes orais em sala de aula podem servir para introduzir o modelo pedagógico da história oral ativa e, por si mesmas, para expor os alunos a uma variedade maior de fontes de informação; para colocá-los no papel de analistas; para aguçar sua percepção, seu pensamento crítico e sua sensibilidade.

Ao longo de todo o livro, sugerimos alguns dos vários materiais disponíveis (publicações, vídeos, páginas da internet) que possam servir como referências complementares para o professor – materiais auxiliares à preparação de suas sequências didáticas ou que podem ser partilhados com os alunos nas diferentes etapas do processo.

INTRODUÇÃO

Histórias contadas pelas pessoas estão espalhadas por toda parte: em livros, revistas, programas de televisão, vinhetas de rádio, peças publicitárias e até no produto ficcional mais consumido pelos brasileiros: as telenovelas. É difícil encontrar quem jamais tenha escutado outra pessoa, através das mídias ou em uma situação de proximidade, relatar sua experiência ou contar episódios que viveu e testemunhou. Mesmo assim, o educador que tentar introduzir a história oral em sua prática pedagógica pode estar praticamente certo de que ela será um assunto novo, tanto para os colegas quanto, principalmente, para os alunos.

Aos olhos de muitas pessoas, porém, a história oral não se enquadra na categoria de novidade. Ela tem uma longa história, que se estende pelas várias décadas durante as quais se transformou, se sofisticou e se desdobrou. Aqueles que vêm ingressando nesse terreno, há muito cultivado, têm o dever de conhecê-la; de outro modo, correriam o risco de repisar passos dados. Sem conhecer nosso passado, teremos de reinventar a roda em vez de nos beneficiarmos dos avanços dos pesquisadores que nos precederam.

Por isso, a título de introdução, é premente nos situarmos: em que ponto da história da história oral estamos entrando? O que se sabe e o que se diz a seu respeito? Por quais fases ela passou? Em que momento ela se transformou, de fonte e método de pesquisa, em possibilidade pedagógica?

De certa forma, a própria definição de história oral está ligada a sua trajetória múltipla. Autores diferentes a têm entendido de maneiras distintas, conforme suas perspectivas disciplinares, seus posicionamentos políticos ou mesmo suas predileções pessoais. Para nós, cabe defini-la de maneira sintética, em sua dupla dimensão. História oral é, essencialmente, um *método de pesquisa* que, através da técnica da entrevista, registra as memórias narradas de um indivíduo, em primeira mão. Entrevistas, por sua vez, são fundamentalmente técnicas para coleta de informações. Seus tipos, porém, variam muito, conforme os objetivos de cada trabalho.

Em segundo lugar, história oral é o resultado desse método, isto é, uma *fonte* de informações derivada desse trabalho de registro. Em outras palavras, história oral é um conjunto de procedimentos que nos permite "fotografar" a narração de alguém em determinado momento. A vida e a memória das pessoas são objetos dinâmicos, e por meio da entrevista se torna possível congelar algumas de suas expressões, conferindo-lhes estabilidade e fisicalidade. Depois de um diálogo como esse, o indivíduo, mutável, segue o fluxo de sua vida. Sua voz também se esvai, mas deixa uma materialidade: a gravação, a história oral, a fonte oral.

> A história oral pode ser entendida de duas maneiras: como um método que registra memórias narradas, através de entrevistas, e como o resultado desse método, isto é, como fonte de informação.

Como *método*, história oral é uma atividade na qual entrevistado e entrevistador tomam parte – cada um com suas visões, seus interesses, seus repertórios –, com a missão comum de, através desse diálogo, construir histórias. Ela é a ocasião na qual uma pessoa (o narrador) compartilha – voluntária, consciente, deliberada e generosamente – com outra (o pesquisador) relatos sobre o que viveu e viu. Ela é o momento em que memórias, antes adquiridas e conservadas, são, finalmente, evocadas através de um trabalho de memória.

Em sua faceta acadêmica, a história oral utiliza as memórias para o estudo de grande variedade de temas. Diferentes disciplinas a adotam como um método de recuperação e registro de informações de proveniência oral (ou como um conjunto de fontes orais previamente estabelecidas) que informa a condução de uma pesquisa e a resolução de um problema. Como prática de pesquisa, em sentido mais abrangente, a história oral engloba todo o processo de constituição e análise das fontes.

Outras facetas são assumidas por esse método. A história oral pode ser empregada na confecção de projetos culturais e comunitários. Pode ser ferramenta essencial para a construção de memórias públicas ou privadas. Pode se sujeitar à militância social e política. Em diversos casos, tem como objetivo o empoderamento de pessoas e grupos; as entrevistas, aí, servem como uma oportunidade para que os narradores reflitam a respeito de suas identidades e, a partir disso, sintam-se motivados para a ação e a transformação da sociedade.

Em todos esses usos do *método* da história oral, o que está em jogo são as características singulares das *fontes* que ela produz (fontes produzidas, cabe frisar, intencionalmente, deliberadamente). Ao contrário do que se pode imaginar, a fonte oral não serve apenas para oferecer uma ilustração mais concreta de fatos já conhecidos ou para complementar informações trazidas por outras fontes a fim de garantir uma visão mais completa sobre determinado fenômeno. Ela mostra como os sujeitos o perceberam, digeriram, significaram; por isso, em uma entrevista, queremos que as pessoas descrevam seus passados, mas que também exponham seus sentimentos, suas opiniões, suas emoções, suas preocupações, suas expectativas.

> Mais do que informar sobre acontecimentos, a fonte oral descortina o significado que eles tiveram para as pessoas que os viram ou vivenciaram. Tanto os fatos quanto as percepções sobre tais acontecimentos são importantes na construção do conhecimento.

Podemos sistematizar as especificidades da entrevista de história oral da seguinte forma:

- quanto ao *objetivo*, a entrevista de história oral produz uma fonte oral, utilizada como matéria-prima para a produção de conhecimento. Todas as entrevistas podem servir como fontes – mas a gravação de história oral é intencionalmente produzida com essa finalidade;

- quanto ao *processo*, uma entrevista de história oral segue técnicas específicas de contato, gravação, transcrição e uso do documento final – que serão apresentadas ao longo deste livro –, e implica responsabilidade com o entrevistado;
- quanto ao *resultado*, uma entrevista de história oral tem como produto final uma gravação e/ou um texto que, em sua íntegra, poderão ser arquivados para consulta pública, utilizados para fins de análise ou publicizados através de diferentes recursos e suportes.

Mesmo que sejam muitas as suas facetas, a história oral tem bases comuns, que sustentam cada uma de suas vertentes. Vale a pena saber mais sobre isso.

Um pouco de história

Ainda que o uso de relatos orais encontre precedentes em diversos momentos da historiografia, nos quais eles foram utilizados e avaliados de maneiras diferentes, o ano 1948 é considerado o marco do nascimento da história oral, também chamada "história oral moderna". Nascida no contexto da valorização do tempo presente, a história oral aparece inicialmente como possibilidade de preencher lacunas documentais e preparar documentação para futuros historiadores.

A primeira experiência nesse sentido é a constituição de um arquivo de histórias orais que resultaria no Escritório de Pesquisa em História Oral da Universidade de Columbia, em Nova York. De posse das então novas tecnologias de registro em fita magnética, o jornalista e historiador Allan Nevins pôde empreender seu trabalho de registro de depoimentos de políticos da cidade de Nova York. Ele começou a fazer isso dez anos depois de ter escrito em seu livro *The Gateway to History* [*O portal para a história*], de 1938, que seria valioso se o historiador do futuro pudesse contar, entre outros documentos, com as palavras que atravessassem os lábios dos protagonistas da história. Arquivos e programas de história oral baseados nesse modelo – isto é, voltados essencialmente a figuras de relevo e ao armazenamento de entrevistas para uso futuro – proliferaram enormemente nas décadas de 1940, 1950 e 1960.

A massiva popularização da história oral se deu nos anos 1960, sendo seu ponto alto a contraposição às grandes narrativas, às grandes teorias da história. Ela se afinou a vertentes como a da história do tempo presente, a história vista de baixo, a história popular. Muitas vezes entendida como uma história democrática, ou democratizante, a história oral se tornou instrumento de uma "contra-história".

Coube a esse método trazer à cena personagens antes excluídos da grande história: as mulheres, os negros, os trabalhadores, os homossexuais, os sujeitos anônimos, entre outros grupos, ganharam por meio da história oral a possibilidade de tomar a palavra. Com sua prática de gravar e de tornar públicos os depoimentos, a história oral ficou conhecida por "dar voz aos que não têm voz", por trazer à baila indivíduos que de outra forma não seriam socialmente representados.

> A história oral se consagrou por ser não somente a história dos grandes homens, dos heróis, dos líderes, dos grandes políticos – mas, principalmente, por ser a história das pessoas comuns.

A história oral tem sido sistematicamente apropriada por grupos cujas memórias e experiências são relegadas a um posto de menor importância, sobrepujadas por versões dominantes. Registros de história oral funcionam como salvaguarda da memória de grupos e constituem uma forma de afirmação de sua identidade, muitas vezes esquecida pelo domínio de outras identidades.

Aos poucos, a visão da história oral como um instrumento de "contra-história" passou a dividir espaço com uma multiplicidade de perspectivas, abrangendo diversos temas e sujeitos. Com o ingresso da história oral no ambiente acadêmico, em fins dos anos 1970, houve um esforço maior de sistematização de pressupostos e procedimentos e de discussão teórica e conceitual sobre o método em suas articulações com a memória, a oralidade e a linguagem. Um dos principais nomes que emergiram nesse período foi o de Paul Thompson.

> THOMPSON, Paul. *A voz do passado: história oral.* São Paulo: Paz e Terra, 1998.
>
> Trata-se, provavelmente, do livro mais conhecido no campo da história oral em âmbito internacional. O britânico Paul Thompson é um veterano na área e realizou esse trabalho pioneiro com a finalidade de defender a legitimidade acadêmica da história oral e abordar seus principais aspectos teóricos, conceituais e técnicos. Escrito originalmente nos anos 1970, o livro vem sendo atualizado e inclui discussões a respeito do uso das entrevistas como evidência histórica, da relação da história oral com as comunidades, do papel reflexivo e político do historiador engajado com os relatos orais.
>
> *Outros livros interessantes para quem quiser se aprofundar no assunto são:*
>
> MONTENEGRO, Antonio Torres. *História oral e memória: a cultura popular revisitada.* São Paulo: Contexto, 1992.
>
> BERTAUX, Daniel. *Narrativas de vida: a pesquisa e seus métodos.* Natal: EDUFRN; São Paulo: Paulus, 2010.
>
> AMADO, Janaína; FERREIRA, Marieta de Moraes (Org.). *Usos & abusos da história oral.* 8. ed. Rio de Janeiro: Ed. FGV, 2006.
>
> Recomendamos também a leitura da revista *História Oral*, disponível *on-line* e gratuitamente no *site*: <http://revista.historiaoral.org.br>.

História oral do Brasil, história oral no Brasil

Um forte movimento de história oral eclodiu em nosso país no início dos anos 1990, envolvendo profissionais e instituições de todas as regiões do país interessados no uso desse método. O agrupamento desses vários agentes deu novo fôlego à reflexão sobre história oral, gerando livros, publicações especializadas e, destacadamente, a Associação Brasileira de História Oral, fundada em 1994. As experiências que embasaram esses intercâmbios e aglutinações, entretanto, são bastante anteriores.

Nos anos 1950, a socióloga Maria Isaura Pereira de Queiroz publicou reflexões sobre as dificuldades, os desafios e as potencialidades do uso de histórias narradas, após ter participado de uma pesquisa sobre relações raciais no estado de São Paulo. Desde então, outras importantes iniciativas ocorreram no Brasil, com destaque ao trabalho da psicóloga social Ecléa Bosi com memórias de mulheres e homens velhos, sobre seus testemunhos de vida, suas experiências de trabalho e o desenvolvimento da cidade de São Paulo. Os relatos formaram a base do influente livro *Memória e sociedade: lembranças de velhos*.

> BOSI, Ecléa. *Memória e sociedade: lembranças de velhos*. São Paulo: Companhia das Letras, 1994.
>
> Uma das mais importantes referências brasileiras no campo da história oral, o livro se centra nas densas memórias de oito velhos moradores da cidade de São Paulo. Além das comoventes entrevistas (que abordam temas variados, como o trabalho operário, a participação política, a cidade de São Paulo, a experiência da velhice), tratadas literariamente, a obra reúne ensaios teóricos e interpretativos que muito ensinam a respeito dos mecanismos da memória. Mais recentemente, a mesma autora revisitou o tema, inspirando-se em *Memória e sociedade*, no livro *Velhos amigos* (São Paulo: Companhia das Letrinhas, 2003), dirigido ao público infanto-juvenil.

Pelo mesmo período, outras vertentes de história oral surgiram, uma como vertente pública (que teve lugar em museus e em livros de circulação popular) e outra voltada à constituição de arquivos, baseada no modelo norte-americano, que teve como primeiras expressões os trabalhos realizados na Universidade Federal de Santa Catarina (UFSC) e no Centro de Pesquisa e Documentação em História Contemporânea da Fundação Getúlio Vargas (CPDOC-FGV), no Rio de Janeiro.

A história oral se ramificou em nosso país conforme encontrou, para isso, um terreno propício. Com a abertura política, as dificuldades que a ditadura militar colocava para o método (baseado na livre expressão de ideias) se dissolveram. O fortalecimento das instituições universitárias também teve um papel importante no estímulo de novos projetos baseados em entrevistas. Por fim, equipamentos de gravação e reprodução de áudio e vídeo se tornaram mais acessíveis. Esse conjunto de fatores resultou no chamado *boom* da história oral brasileira, que consistiu em uma ampliação significativa do número de pesquisadores na área. Hoje em dia, existem inúmeros centros de referência em história oral e memória em todo o país. Graças ao acúmulo de experiências e a recentes avanços tecnológicos, essa ferramenta pode não apenas ser largamente utilizada na pesquisa como também ser exitosamente utilizada com fins pedagógicos.

Como participar da comunidade de história oral

Um dos caminhos para entrar em contato com pesquisadores da área e conhecer mais experiências em história oral é participar da Associação Brasileira de História Oral (ABHO), sociedade fundada em 1994, que realiza regularmente várias atividades que favorecem o intercâmbio de ideias. A ABHO tem um *site* com notícias da área, publica semestralmente uma revista especializada, a *História Oral*, e realiza eventos científicos anualmente – encontros em cada região do país, nos anos ímpares, sucedidos por um encontro nacional de história oral, nos anos pares.

Saiba mais: Associação Brasileira de História Oral (ABHO) - www.historiaoral.org.br.

Conheça alguns centros de pesquisa brasileiros

Em 2009, fundamos, na Escola de Artes, Ciências e Humanidades da Universidade de São Paulo, o Grupo de Estudo e Pesquisa em História Oral e Memória (Gephom), que realiza atividades de pesquisa e extensão na área de história e memória. Existem em todas as partes do Brasil diversos outros grupos e centros de pesquisa com *sites* na internet que oferecem informações sobre o método, arquivos de entrevistas e outros materiais interessantes. Alguns deles são:

Centro de Estudos Rurais e Urbanos (Ceru), São Paulo – http://www.fflch.usp.br/ceru/.

Centro de Memória da Unicamp (CMU), São Paulo – http://www.cmu.unicamp.br/.

Centro de Pesquisa e Documentação em História Contemporânea da Fundação Getúlio Vargas (CPDOC-FGV), Rio de Janeiro – http://cpdoc.fgv.br/.

Clio & Mnemósine Centro de Estudos e Pesquisas em História Oral e Memória, Maranhão – http://dgp.cnpq.br/buscaoperacional/detalhegrupo.jsp?grupo=0477705BLW6DNZ.

Laboratório de História Oral e Imagem (Labhoi-UFF), Rio de Janeiro – http://www.labhoi.uff.br/.

Laboratório de História Oral (Labhoral-UFSC), Santa Catarina – http://labhoral.paginas.ufsc.br/.

Laboratório de História Oral e da Imagem (UFPE), Pernambuco – http://www.ufpe.br/ppghistoria/.

Núcleo de História Oral (NHO-UFMG), Minas Gerais – http://www.fafich.ufmg.br/historiaoral/.

O uso pedagógico da história oral

Se a história oral tem uma longa trajetória, a situação não é diferente com sua variação escolar. Há registros de que, nos Estados Unidos, desde o final do século XIX, professores utilizavam a técnica da entrevista em sala de aula, e que essa inspiração do diálogo teria estado presente em todas as décadas seguintes. Mas existe um marco importante, naquele país, que se tornou uma espécie de guia para outras iniciativas: trata-se do projeto *FoxFire*, provavelmente o mais conhecido experimento em termos de história oral na educação. Essa é uma realização antiga, iniciada em 1966, quando Eliot Wigginton, um professor de inglês de uma escola no estado da Geórgia, iniciou um trabalho em que seus alunos realizaram um projeto de história local entrevistando a comunidade a respeito da cultura dos montes Apalaches. A partir disso, os alunos criaram revistas semestrais com os materiais recolhidos.

Em 1972, os textos produzidos nesse projeto passaram a ser reunidos e republicados em livros, e estes se tornaram *best-sellers* nos Estados Unidos. Até hoje, foram publicadas dezenas e dezenas de livros, além de quase 200 edições da revista. São livros que reúnem histórias em torno de temas variados da vida cotidiana e da cultura locais, como formas de jardinagem, cuidados com os animais locais, lendas e histórias sobre fantasmas, sempre baseados em histórias da comunidade e dos próprios alunos. Graças ao projeto, houve até mesmo a coleta de receitas culinárias da comunidade local, que deu origem a um livro de receitas.

Figura 1 – Capas de três exemplares da revista *Foxfire*, resultado de uma bem sucedida experiência de história oral na Educação, nos Estados Unidos. Saiba mais no site da organização Foxfire: http://www.foxfire.org/ (em inglês).
Estas imagens foram utilizadas com permissão de
The Foxfire Museum & Heritage Center, Mountain City, GA, USA

Aquilo que começou como a ideia de um único professor não se restringiu aos livros. Deu origem a uma organização não governamental e a um museu, até hoje atuantes, bem como a um modelo utilizado em várias outras escolas nos Estados Unidos. O projeto se tornou tão popular que existem até celebrações e homenagens nacionais pelos seus aniversários. Em 2011, quando o projeto completou 45 anos, os autores Joyce Green e Casi Best organizaram, junto com alunos do projeto, um livro chamado *The Foxfire 45th Anniversary Book: Singin', Praisin', Raisin'*.

A Inglaterra, com sua tradição de uma história oral comunitária, também percebeu cedo o valor da história oral nas salas de aula, onde a apresentação pública de histórias é uma prioridade. O país produziu um dos primeiros livros sobre o assunto, *Oral History in Schools*, de autoria de Sallie Purkis, publicado em 1980 pela Oral History Society. A revista de história oral *The Journal of the Oral History Society* tem em todos os seus números uma seção especialmente dedicada ao uso pedagógico da história oral. Mesmo lá, entretanto, a implementação de projetos dessa natureza em escolas não é tarefa fácil, a ponto de uma pesquisadora especializada em implementar projetos escolares de história oral ter dito que a

> [...] maior parte das escolas não tem tempo, nem dinheiro, nem espaço para gravar entrevistas de história oral... fora isso, os funcionários têm tanta coisa pra fazer que raramente respondem a ligações ou e-mails. É claro que há exceções, mas se você pretende embarcar num projeto de história oral numa escola, prepare-se para muito trabalho e muita frustração (LETTS, 2011, p. 104, tradução nossa).

Mesmo assim, o que ela escreveu não tinha a intenção de desencorajar projetos; pelo contrário, ela afirmou: "Então por que se preocupar com isso? Porque, genuinamente, vale a pena" (LETTS, 2011, p. 104).

Na França, essa tendência também floresceu nos anos 1980, quando

> [...] a abertura para as histórias de vida chegou na sala de aula como uma provocação para se procurar, na vida das famílias, por vestígios do passado que estava sendo ensinado na escola. Assim, pede-se hoje aos alunos, desde o ensino fundamental, que conversem com seus avós e com os mais velhos, para que eles os ajudem a entender o sentido das genealogias e das cronologias (VOLDMAN, 1996, p. 383, tradução nossa).

Fora dos Estados Unidos e da Europa também existem iniciativas importantes – na África do Sul e em vários países da América Latina, por exemplo. Dentre nossos vizinhos, a Argentina foi provavelmente o país em que essa tradição se desenvolveu de forma mais completa, pelas mãos da professora Dora Schwarzstein, na busca por entender "como gerar interesse nos alunos, como despertar sua curiosidade e como conseguir que valorizem o reconhecimento de problemas e a busca de respostas próprias" (SCHWARZSTEIN; FINOCCHIO; PLOTINSKY, 1996, p. 197, tradução nossa). Um grande financiamento da Fundación YPF, em 1998 e 1999, permitiu, por exemplo, que a Universidade de Buenos Aires realizasse um projeto interinstitucional com quase uma dezena de escolas, treinando professores para que eles implementassem projetos de história oral em suas escolas e comunidades.

No Brasil, a bibliografia especializada não acompanhou a prática – e esperamos que *História oral na sala de aula* seja um passo para mudar essa situação. Sabemos que há educadores que utilizam entrevistas prontas para despertar os alunos para determinados conteúdos. Esse processo pode se transformar no primeiro passo de uma experiência de aprendizado participativo.

Existem exemplos interessantes no Brasil. Um projeto (BRITO, 1998) inseriu o método da história oral entre as atividades de um estudo do meio em um assentamento do Movimento dos Sem Terra (MST), de modo que as entrevistas serviram para conhecer melhor a vida cotidiana no local. Em outra situação (ALVES, 1997), um professor da Escola de Comunicações e Artes da USP realizou um projeto na EEPG Raul Fonseca, na Grande São Paulo, buscando registrar e divulgar as histórias de vida e a memória da escola e de sua comunidade. Um terceiro projeto (BELÉM, 2004) levou estudantes a campo para produzir um livro sobre a história local do bairro paulistano do Belenzinho.

> O uso da história oral em sala de aula pode ser feito por educadores preocupados em fazer com que a história da comunidade, sua memória, suas lembranças, estejam conectadas de forma mais ampla ao cotidiano da escola e às atividades escolares.

Um dos projetos de história oral em escolas que teve maior amplitude no Brasil foi, provavelmente, aquele que o Museu da Pessoa implantou em várias edições do projeto *Histórias da nossa terra*, a partir de 2011. O museu formava professores para utilizar a história oral em sala de aula, realizando projetos sobre a história local, a história de suas comunidades e a história pessoal de pessoas próximas. A ideia central era de que a história não é algo em que uns poucos atores se apresentam, mas sim um processo realizado por múltiplos sujeitos. "Grupos grandes ou pequenos, de lugares muito antigos ou de bairros recém-criados, ricos ou pobres, todos têm o direito de ter a sua história valorizada e preservada. E a escola é o lugar fundamental para a democratização da construção da narrativa histórica" (LONDON, [s.d.], p. 6).

> WORCMAN, Karen; PEREIRA, Jesus Vasquez (Coord.). *História falada: memória, rede e mudança social*. São Paulo: SESC-SP; Imprensa Oficial, 2006.
>
> Produzido pelo Museu da Pessoa, o livro é dividido em três partes. Na primeira delas, apresenta reflexões de diferentes intelectuais, pesquisadores e artistas sobre a relação entre memória, rede e mudança social, temas do encontro do qual a obra se origina. Em seguida, oferece o guia prático "Como fazer um projeto de memória oral", que sistematiza o modo de trabalho do Museu da Pessoa e apresenta os principais passos para o desenvolvimento de uma pesquisa na área. Por fim, o livro expõe relatos de experiência dos diferentes usos da história oral e da memória, em espaços acadêmicos, em institutos e fundações, em ambientes educacionais, em centros de memória empresarial.

Mas há muito mais a ser feito. Para onde quer que se olhe, há temas interessantes. Muitas pessoas estão dispostas – e ansiosas, até a contar suas histórias e a receber, em troca, uma escuta atenta. Basta que um professor, convencido das muitas possibilidades que a história oral oferece em sala de aula, arregace as mangas e dê a largada.

O psicólogo Jerome Bruner, um dos principais pensadores da área da educação, afirma que existem duas formas de pensar e aprender: a paradigmática ou lógico-científica e a narrativa. Através desta última, especificamente, o aprendiz se engaja em um universo de histórias, de relatos, capazes de desvelar as ações humanas, suas intenções, sua essência, suas consequências. Para Bruner (2002), as histórias têm um papel importantíssimo no aprendizado: por sua natureza interacional, elas permitem que um indivíduo se conheça e conheça o outro; por sua carga emocional, elas favorecem uma aprendizagem mais significativa, que ficará retida por tanto tempo quanto se for capaz de reter o gosto pela narrativa.

É nessa parte da história que o professor entra. Não importa a disciplina que ensine, a escola em que trabalhe, o número de alunos, as condições materiais disponíveis em sua escola – sempre existe um lugar para a história oral na sala de aula, sempre existe um lugar para as histórias, as memórias, as subjetividades e as expressões da oralidade. Dificuldades e desafios existem, mas não há barreiras intransponíveis. Cabe a nós assumirmos o desafio de implementarmos nossos projetos.

PARTE 1
HISTÓRIA ORAL E MEMÓRIA: O QUE É E COMO SE FAZ

Se a história oral é um método de pesquisa que registra memórias de pessoas em uma situação de diálogo, poderíamos pressupor que bastaria uma pessoa se sentar diante de outra com um gravador e: pronto!, ela estaria fazendo história oral. Na realidade, não é bem assim. A utilização desse método de pesquisa está ligada a uma série de procedimentos técnicos e de pressupostos teóricos e conceituais que fazem toda a diferença em cada uma das etapas do trabalho.

Nesta primeira parte, apresentaremos aos educadores, com algum detalhamento, esses procedimentos e ferramentas. É fundamental que eles tenham conhecimento dos princípios que embasam a prática da história oral antes de implementá-la em suas salas de aula. Por isso, é importante que o conteúdo desta primeira parte preceda as recomendações para a elaboração e a execução de projetos escolares de história oral, apresentadas na segunda parte.

A memória não é fixa: recordar para contar

Quando iniciamos uma entrevista, estamos entrando em contato com um material multifacetado. As perguntas e as respostas pronunciadas durante o diálogo gravado são interfaces de um objeto complexo que se chama memória. Ao recordarmos os fatos do passado ou os acontecimentos recentes, é a ela que recorremos: à memória.

Normalmente, concebemos a memória como uma caixinha na qual guardamos vivências preciosas, de modo que possamos resgatá-las sempre que quisermos, conforme fazemos com os dados armazenados no disco rígido de um computador. Imaginamos que todos os fatos estejam ali alojados, exatamente como se sucederam; supomos que eles possam ser recuperados tal qual aconteceram, bastando abrirmos as gavetas da memória e espanarmos o pó acumulado no tempo. É assim, pelo menos, que a memória seria explicada em uma visão mais tradicional: a realidade traçaria caminhos imutáveis em nossos neurônios. Lembrar, entretanto, não é tão simples.

> A memória humana não é simplesmente um arquivo mecânico que registra os fatos rigorosamente como foram vividos. Ela é bem mais dinâmica e complexa do que aqueles registros armazenados nas máquinas.

Quando lembramos, os elementos de nossa memória são filtrados e reelaborados conforme as circunstâncias do presente: nosso estado emocional, a fase de nossa vida, a interação com outras pessoas, a presença de elementos que despertam sensações (cheiros, sons, imagens...), os lugares e os momentos históricos, entre outros. É por isso que as lembranças são construções sobre os fatos vividos, e não o próprio fato. Não podemos, portanto, falar em uma memória fixa – e sim na memória como um processo (KOTRE, 1997). Uma mesma pessoa, inclusive, pode elaborar relatos diferentes a respeito de sua vida ou de um determinado acontecimento, de acordo com o momento e as circunstâncias da rememoração, no presente. "A memória é, por definição, um termo que dirige nossa atenção não ao passado, mas à *relação entre passado e presente*" (POPULAR MEMORY GROUP, 1998, p. 78, tradução nossa).

Muitas vezes, ouvimos ou pronunciamos expressões "guardar na memória" ou "puxar da memória", como se, a exemplo do que acontece com a memória dos computadores, nossas lembranças ficassem inalteradas em um arquivo e pudessem ser acessadas em sua integridade. Na verdade, ao recordarmos, construímos uma versão possível dos acontecimentos. Há quem se pergunte, então, sobre a fidedignidade da memória: quando gravamos uma entrevista, como poderemos saber se o que está sendo dito é "verdadeiro", já que a memória não é exata?

Na realidade, a memória é permeada tanto pela factualidade (que está, sim, presente nas entrevistas) quanto pela impressão: ela registra não apenas os acontecimentos, mas a forma como esses acontecimentos foram digeridos por quem os rememora. E isso nos interessa na história oral: a percepção de quem narra.

Indo mais longe em sua complexidade, cabe acrescentar que a memória não é só individual; ela é compartilhada com os grupos sociais com os quais vivemos. Isso é o que podemos chamar de memória coletiva. Ela é composta pelos fatos lembrados em comunhão com o grupo e sobrevive enquanto houver pessoas que a mantenham. Para existir, ela precisa ser alimentada (HALBWACHS, 2006).

Essa memória – que é dinâmica, individual (porque única) e coletiva (porque remete a experiências sociais) – é a fonte que abastece as lembranças, que, por sua vez, fundamentam as histórias que contamos. São histórias particulares que retiram sua individualidade do conjunto de experiências que convergem para a vida de um só narrador. Esse narrador, que tem uma história singular, compartilha, ao mesmo tempo, da memória e das vivências de seu meio social. O pertencimento a essa coletividade faz com que ele se identifique com seu grupo, isto é, que tenha uma identidade.

> NEVES, Lucília de Almeida. *História oral: memória, tempo, identidades*. Belo Horizonte: Autêntica, 2006.
>
> Trata-se de um dos livros mais completos e consistentes da área de história oral, abrangendo reflexões teóricas sobre elementos subjacentes ao trabalho com entrevistas, como a memória e o tempo; um capítulo metodológico que oferece as instruções básicas para a execução de projetos; e uma série de estudos temáticos que resultam em fascinantes exemplos do uso prático do método.

Como a memória humana funciona

A "memória" é um conceito valioso para quem trabalha com história oral. Ela é a base para a narração; permite a construção de um *eu* através da linguagem – e é nesse sentido que ela mais nos interessa. Mas a memória é, antes disso, um processo neurobiológico. O médico Ivan Izquierdo (2004, 2010) apresenta a memória como um mecanismo cognitivo composto por três etapas: aquisição, conservação e evocação de informações. Na primeira (aquisição), tudo aquilo que afeta nossos sentidos é codificado e encaminhado para nosso cérebro. Em seguida (conservação), essas informações são estruturadas e armazenadas dentro dele, em diferentes áreas. O terceiro passo (evocação) consiste na transformação dessas informações em lembranças passíveis de ser recuperadas.

O armazenamento das memórias em nosso cérebro depende da natureza de cada uma delas, que podem ser divididas de acordo com sua duração e com sua função, as quais, por sua vez, correspondem ao trabalho de diferentes regiões cerebrais e mecanismos moleculares. De acordo com a duração, existem três tipos de memória:

- a memória *imediata*, ou *de trabalho*, que dura segundos ou poucos minutos, apenas o tempo necessário para que consigamos dar continuidade àquilo que estamos falando ou fazendo;
- a memória de *curta duração*, que dura de uma a seis horas, permitindo o diálogo e o raciocínio cotidiano;
- a memória de *longa duração*, que dura muitas horas, dias, anos. Uma variação da memória de longa duração é a memória *remota*, aquela que uma pessoa mantém por muitos anos e décadas, como aquela que um idoso possui a respeito de sua infância. Essa costuma ser a memória que mais exploramos em nossas entrevistas.

Já de acordo com a função, são outros três tipos:

- a memória *de trabalho*, que não deixa registros permanentes;
- a memória *declarativa*, que inclui todos aqueles tipos de memória que podemos "declarar" e descrever, como a lembrança de um acontecimento ou de uma imagem;
- a memória de *procedimentos*, também chamada de memória de *hábitos*, que consiste em habilidades sensoriais e motoras adquiridas.

> **Sugestão de filme:**
>
> *Dona Cristina perdeu a memória*. Direção: Ana Luiza Azevedo. 2002, 13 min, cor.
>
> O curta-metragem mostra a relação entre o menino Antonio, de 8 anos, e sua vizinha Cristina, de 80, que vive em um asilo e sofre da doença de Alzheimer. Encontrando-a diariamente no quintal, o menino percebe que a mulher conta, a cada dia, histórias diferentes e muitas vezes incoerentes sobre si mesma, sobre sua família, sobre dias e nomes santos. Aspectos relacionados ao funcionamento da memória, como o seu ancoramento em objetos biográficos e a dificuldade de diferenciar claramente os momentos passados no tempo da rememoração, saltam à vista no filme, cuja protagonista, em certo momento, chega a dizer: "Claro que essa história não é bem assim, mas é isso que eu guardo na minha memória pra não ficar muito triste".

A memória é seletiva, e a literatura pode ajudar a entendê-la

A memória pode ser um tema instigante a ser explorado pelas artes. Há escritores que muito se beneficiaram desse tema, como os brasileiros Lygia Fagundes Telles e Milton Hatoum. O escritor argentino Jorge Luis Borges também tem a memória como um dos eixos fundamentais de sua obra – e o excelente conto "Funes, o memorioso" é um exemplo disso.

> A memória é objeto de estudo de várias áreas do conhecimento. Nos dias de hoje, existem abordagens sobre o assunto oriundas da História, da Psicologia, da Filosofia, dos Estudos Culturais, da Sociologia, dos Estudos Literários, da Linguística, da Arquitetura, da Geografia, da Arqueologia... Isso sem falar nos estudos sobre memória feitos na Biologia, na Neurologia, na Bioquímica, entre outras áreas das ciências exatas e da saúde.

Nesse conto, Borges conta a história de Irineu Funes, um jovem uruguaio que, depois de sofrer um acidente – foi derrubado de um cavalo recém-domado, tornando-se paraplégico –, ficou com a memória perfeita. "Ao cair, perdeu o conhecimento; quando o recobrou, o presente era quase intolerável de tão rico e tão nítido, e também continha as lembranças mais antigas e mais triviais", escreveu Borges (1999, [s.p.]).

A memória de Funes era tão perfeita que ele podia se lembrar, nos mínimos detalhes, de qualquer coisa: da forma exata das nuvens em um dia qualquer, do número de estrelas que havia visto no céu, da quantidade de frutos que saíam de uma árvore. O personagem tinha uma memória tão prodigiosa que lhe permitia se lembrar, detalhadamente, de um dia inteiro de sua vida. Ele já o tinha feito. O problema é que, para fazer isso, ele precisava de mais um dia, inteiro.

Está aí um indício de que é impossível que alguém detenha uma memória como a de Funes. Ele registrava tudo; era dotado de invejável capacidade para guardar, guardar e guardar. O problema é que não conseguia analisar suas memórias, demorar-se nelas, selecioná-las, filtrá-las. Se nossa memória fosse perfeita, sem qualquer falha ou imprecisão, não saberíamos o que fazer com ela. Estaríamos privados da capacidade de distinguir, diferenciar, julgar nossas lembranças. Nivelaríamos todas as nossas lembranças, a exemplo do personagem, que a certa altura diz: "Minha memória, senhor, é como despejadouro de lixos" (BORGES, 1999, [s.p.]).

Borges nos mostra, com a história desse jovem, quão valioso é o mecanismo de seletividade da memória. A memória é seletiva porque escolhe o que guardar e o que descartar, de acordo com seus filtros. Aquilo que recebemos por meio dos sentidos é imediatamente avaliado por nosso cérebro, que, de acordo com as informações que já possui, decide se aquela informação será ou não registrada em nossa memória. Não é possível guardar tudo; não existe memória perfeita nem seria desejável que ela existisse.

Com sua incrível memória, Funes lembrava *tanto* que chegava a ser incapaz de pensar. Fica claro, assim, que ele é um personagem que só poderia ser ficcionalizado; em nenhuma hipótese existiria na vida real, já que nossa memória é sábia e capaz de selecionar as informações que são incorporadas e as que são descartadas. Já que existe um número limitado de dados que podemos processar, a memória filtra o que será registrado e virá a interagir com nossas outras memórias e pensamentos, armazenando aquilo que nós mesmos consideramos significativo. Com Funes, aprendemos que tão importante quanto o que lembramos é aquilo que esquecemos.

Exercício de reflexão 1 – Memória

- Exercite sua compreensão sobre a memória pensando em um fato ocorrido há certo tempo – há alguns anos, preferencialmente – que tenha marcado sua família ou seu grupo de amigos.
- Quando estiver sozinho, escreva detalhadamente tudo aquilo de que se lembrar.
- Depois pergunte aos seus amigos ou familiares como eles se lembram daquele fato. Não converse, ainda – apenas ouça e, em seguida, anote.
- Refaça a tarefa com mais duas ou três pessoas.
- Por fim, reúna todas as suas anotações e reflita: Em que aspectos essas histórias são iguais? Em que divergem? Quais são os pontos de apoio comuns? E quais os detalhes que variam de pessoa para pessoa? Que razões você poderia levantar para interpretar a variação entre as versões oferecidas por cada um de seus familiares ou amigos?

Esse exercício nos ajuda a compreender que, embora várias pessoas tenham vivido ou presenciado um único acontecimento, não existe uma lembrança única sobre ele: cada indivíduo digere os fatos de forma singular.

- Em outro momento, traga à tona um fato antigo pouco lembrado por um grupo de pessoas e o relate a elas. Experimentar esse exercício com antigos colegas de escola ou de trabalho é uma boa opção.
- Veja como eles se comportam e estimule uma conversa em torno desse fato.

- Perceba que quando houver um estopim – quando alguém se lembrar de um fato e o trouxer a público –, outras pessoas começarão a rememorar, falar e mostrar suas versões e lembranças sobre o acontecimento.

Essa experiência mostrará o quanto a memória é social, apoiada na coletividade; o quanto ela depende do grupo para emergir e o quanto é por ele construída. Se você fizer o exercício novamente, depois de algum tempo, as pessoas falarão sobre a mesma coisa, mas provavelmente de modo diferente. Tudo dependerá de quem estiver presente, do momento da vida de cada um, dos estímulos para aquela lembrança, de seu estado psicológico, etc.

Identidade e memória:
Quem somos nós e a que grupos pertencemos?

A sensação de fazermos parte de um grupo vem, entre outras coisas, da memória coletiva. Lembrar coletivamente une os indivíduos e permite que eles compartilhem vivências. A ideia de pertencimento à coletividade é reforçada por recordações comuns. Identificamo-nos uns com os outros porque podemos dividir tais experiências.

Um exemplo de como a identidade se constrói e de como é sua dinâmica, está no caso das imigrações. No país de origem, tudo nos parece familiar: nossos conhecidos compartilham uma mesma experiência, uma mesma história e memória coletiva, e vivemos todos uma sensação de pertencimento. Se mudarmos de lugar – de cidade, de país ou de cultura – nos depararemos com pessoas que não viveram as mesmas experiências que nós, que foram educadas de outra forma, de modo que não nos identificaremos com elas. Para entendermos novamente quem somos, precisaremos reelaborar nossa identidade ou reafirmá-la, construindo uma nova identidade de imigrante.

A identidade, portanto, pode se modificar com o tempo e com as experiências. Ainda que alguns elementos permaneçam e sejam afirmados ao longo da vida, ela é construída e se define por caminhos traçados e escolhidos na vida em sociedade: por nossa profissão, pelo local em que moramos, pelas pessoas com quem convivemos, pelos gostos e interesses que compartilhamos, pela língua que falamos, pelas regras sociais que seguimos, e assim por diante. Por ser uma construção, há muitas pessoas que preferem falar não em "identidade", mas em "processos de identificação". Seja qual for seu nome, a identidade resume quem somos e a que comunidade ou grupo social e/ou étnico pertencemos, afirmando-se pelo compartilhamento de uma memória coletiva. Nossa história de vida é, sim, singular – mas está também atrelada ao grupo, referenciando-se repetidamente a ele.

Exercício de reflexão 2 – Identidade

Para aprimorar nossa percepção a respeito da conexão entre as vidas individuais e os fenômenos coletivos, sugerimos que assista ao filme *Escritores da liberdade*, de 2007, dirigido por Richard LaGravenese. Ele levanta muitas questões interessantes sobre o cotidiano profissional e o senso de responsabilidade dos educadores.

O filme conta a história de Erin Gruwell, uma professora novata que ingressa em uma escola de ensino médio da periferia e passa a lecionar para um grupo de estudantes agitados, violentos e até mesmo criminosos. Eles estão frequentemente envolvidos em desentendimentos por questões raciais ou de origem familiar e são considerados "casos perdidos" na escola. Enfrentando a resistência de seus colegas e superiores, e até mesmo do marido, ela se envolve profundamente com a turma e decide adotar um inusitado e transformador método de ensino: realiza dinâmicas provocadoras que obrigam os alunos a enfrentarem seus próprios fantasmas; pede a eles que leiam obras pungentes, como *O diário de Anne Frank*; e, enfim, solicita que escrevam seus próprios diários, relatando suas dificuldades, seus problemas e seus conflitos. "Cada pessoa tem sua própria história, e vocês vão escrever as suas nestes cadernos", diz ela. Aos poucos, conhecendo suas próprias experiências, o comportamento do grupo se modifica: cada um dos alunos se torna mais tolerante, esperançoso, confiante e aberto, voltando a acreditar na possibilidade de fazer a diferença no mundo.

Escritores da liberdade é um filme baseado em fatos reais; as histórias dos verdadeiros alunos foram lançadas em um livro chamado *The Freedom Writers Diary* (1999).

- Reflita: quais fatos da sua vida se conectam com o enredo do filme? Que experiências e sensações correlatas às apresentadas você já vivenciou? Que desafios encontrou – tanto na sua relação com os alunos quanto dentro da rigidez da estrutura educacional – e como os superou? O que há de semelhante no método da professora Erin e na busca que você faz, neste momento, pela história oral?
- Reflita sobre sua vivência pessoal à luz das experiências representadas no filme.
- Reflita, a partir do exemplo do filme, sobre a ponte entre individual e social, entre vidas pessoais e coletividade.

Qual é a diferença entre história oral e tradição oral?

"História oral" e "tradição oral" são, algumas vezes, entendidas como sinônimas. Porém, embora ambas compartilhem uma mesma natureza (a oralidade), é importante diferenciá-las e ter em mente que não são uma coisa só.

A história oral se preocupa fundamentalmente com aquilo que o narrador viveu ou testemunhou. Ela registra relatos e interpretações sobre experiências próximas. Enfoca acontecimentos contemporâneos à vida de seus narradores, que os apresentam em primeira mão ao pesquisador. A história oral pode comportar relatos sobre aquilo que se ouviu de terceiros ou histórias sobre períodos mais afastados, mas ainda assim enfatiza a experiência do narrador, considerado em sua individualidade.

No caso da tradição oral, a ênfase está na coleta de tradições ancestrais transmitidas ao longo de gerações. Essas narrações não tematizam a vida do narrador; não dizem respeito, necessariamente, ao seu passado. A tradição oral se aproxima mais do folclore, das lendas, dos mitos. Ela consiste na recolha de textos orais anônimos, circulados coletivamente no interior de uma comunidade, repetidos e modificados ao longo desse processo, e geralmente compreendidos como uma herança a ser transmitida e conservada.

Em alguns casos, a tradição oral pode aparecer dentro da entrevista de história oral. Por exemplo, pode-se fazer uma entrevista de história oral com um indígena, com ênfase em sua trajetória de vida – mas, se em um determinado momento ele passar a relatar as lendas da tribo de que descende, teremos, dentro da entrevista de história oral, um momento dedicado à tradição oral, que mostrará a permanência de valores ancestrais e coletivos na vida do narrador. Os estudos de tradição oral, por sua vez, quase nunca recorrem exclusivamente à entrevista, podendo incluir gravações de poesia oral, de cantos, de canções, de determinadas emissões vocais, de festas e rituais, bem como outras fontes e estratégias de pesquisa.

> **Sugestão de filme:**
>
> *Narradores de Javé*. Direção: Eliane Caffé. 2003, 100 min., cor. A bem-sucedida obra de Eliane Caffé nos apresenta a história do Vale do Javé, um povoado fictício do interior da Bahia que será inundado para dar lugar à represa de uma hidrelétrica. Antônio Biá, o único adulto alfabetizado do povoado, que havia sido expulso do local pelo fato de inventar e espalhar fofocas sobre os moradores, é incumbido por eles de colher seus depoimentos e escrever um livro com as histórias que ali circulam geração após geração. Na visão deles, o livro comprovaria o valor histórico do povoado e serviria para salvá-lo, fundamentando seu tombamento e impedindo sua destruição. O filme oferece várias possibilidades de discussão: a relação entre memória e história, verdade e invenção; as versões individuais sobre uma mesma história; o papel das crenças na formação cultural de uma comunidade; o papel da escrita como instrumento legitimador do conhecimento no mundo contemporâneo; a importância da oralidade para a preservação do patrimônio imaterial e material.

Subjetividade, diálogo, linguagem

A memória é a estrutura central do trabalho com história oral: nada teríamos a fazer sem as lembranças de nossos narradores. Mas em torno dela se articulam outras engrenagens de um mecanismo complexo, que entra em cena sempre que fazemos ou interpretamos uma entrevista. Esses elementos também são conceitos importantes para nosso trabalho: subjetividade, diálogo e linguagem.

Por muito tempo, a subjetividade – compreendida de maneira simplista como o mundo interno de um indivíduo – foi vista como uma das principais fraquezas da história oral. Afirmava-se que, por captar as perspectivas dos sujeitos, ela seria também volátil, falha, tendenciosa, provisória, limitada.

Porém, conforme a reflexão teórica a seu respeito se sofisticou, a história oral passou a cavar seu ponto forte exatamente naquilo que seria uma fragilidade. Assumiu-se que, ladeando as mentalidades e sensibilidades, ela levaria para o centro da cena a experiência e a subjetividade humanas. Em vez de extirpar a subjetividade de nossos materiais, deveríamos compreendê-la como algo inerente ao processo de pesquisa, rico em suas particularidades e potencialidades.

> A história oral não deve ser vista como um mecanismo para extrair "verdades" ou detectar "mentiras", mas pode, antes, ser compreendida como um poderoso método para acessar as múltiplas expressões de subjetividade localizadas em um tecido social.

O diálogo que tem lugar na inter-relação característica da história oral tem muitos pontos de contato com o diálogo cotidiano, que todos sabem empreender. Mas ele não é *apenas* isso – se fosse, afinal, ninguém precisaria aprender a fazer história oral: bastaria ligar o gravador e começar a conversar. O diálogo em história oral é distinto, organizado; tem uma série de necessidades, de procedimentos e de regras. Tem também seus princípios: é um diálogo de igualdade e diferença, para o qual cada interlocutor leva toda a sua formação, sua experiência, seu repertório, seus conceitos e preconceitos. Isso permite que haja um diálogo de aprendizado para ambas as partes, no qual duas visões se encontram e se misturam, nenhuma delas tendo privilégio sobre a outra. Pode-se considerar que, nesse diálogo, a autoridade é dividida, compartilhada entre entrevistado e entrevistador, como propôs Michael Frisch (1990). Os dois polos que entretêm esse encontro comunicacional influenciam a entrevista: *o que* o narrador diz depende de *para quem* ele diz, *em quais* circunstâncias, *em qual* ambiente, *em que* momento da vida e da história.

Falta-nos ainda um terceiro elemento, aquele que permite que o trabalho de história oral tome forma: a linguagem. Ela é o instrumento para a comunicação entre narrador e pesquisador; é a matéria que permite a expressão da subjetividade e a comunicação da memória. Existe um trabalho de linguagem atrelado ao trabalho de memória: esta só se materializa *pela* linguagem, em simultaneidade. E, cabe lembrar, a linguagem não é transparente: a *forma* como as pessoas lembram é tão importante quanto *o que* elas lembram. Como escreveu Daphne Patai, "precisamos, acima de tudo, ter sensibilidade às palavras em si mesmas. Histórias orais não são transparências. Mesmo que nos convidem a vislumbrar o mundo no qual tomam forma [...], elas são densas, preenchidas pelo seu próprio som" (PATAI, 2010, p. 64).

> PATAI, Daphne. *História oral, feminismo e política*. São Paulo: Letra e Voz, 2010.
> No início dos anos 1980, a pesquisadora Daphne Patai, estudiosa de literatura brasileira, veio ao Brasil e entrevistou 60 mulheres para um projeto de história oral que resultou em seu livro *Brazilian Women Speak: Contemporary Life Stories* [As mulheres brasileiras falam: histórias de vida contemporâneas], cuja introdução consiste no primeiro ensaio desta coletânea que levanta questões interessantes sobre ética e politização da pesquisa em história oral.

As modalidades de história oral

O processo e o resultado de uma pesquisa estão sempre, necessariamente, entrelaçados. Ao percorrer seus caminhos de descobertas, um pesquisador mira o ponto onde quer chegar – e o lugar onde chega seria outro se suas trilhas tivessem sido diversas.

Na prática da história oral, a modalidade de entrevista adotada é uma das definições mais importantes: ela tem influência tanto sobre o tipo de diálogo que deverá ser estabelecido quanto sobre as narrativas que se terá em mãos ao fim do trabalho. Por isso, é fundamental conhecer e compreender as distinções entre duas modalidades básicas (e mais utilizadas) da entrevista em história oral: a entrevista de história de vida e a entrevista temática.

- **Entrevista de história de vida:** Essa modalidade, como seu nome nos diz, permite olhar demoradamente para a vida das pessoas. Ela é um mergulho na trajetória e nas experiências de um indivíduo – pois é sobre ele que recai a ênfase do pesquisador. Embora não consista necessariamente em uma reconstituição biográfica, integral, da vida do entrevistado, busca abranger um período amplo da vida do narrador; abordar em profundidade determinados temas, períodos, vivências; ou contemplar e combinar diferentes aspectos dentro de um quadrante temporal específico. Nem por isso a história de vida está desconectada do âmbito social: enfatizando a visão do indivíduo, ela nos mostra como ele percebe, no momento de sua vida em que grava a entrevista, o que ocorreu ao seu redor, no passado.

> Do ponto de vista técnico, a história de vida se caracteriza pela liberdade do entrevistado de contar sua vida como melhor lhe convier: selecionando as temáticas e os aspectos que lhe parecerem relevantes. Pensemos que uma maneira de iniciar esse tipo de entrevista consiste em dizer, apenas: "Conte-me sua história". A partir disso, o papel do entrevistador é escutar e interagir para garantir que a conversa tenha prosseguimento, esclarecendo o que não está suficientemente explicado, solicitando detalhamento e aprofundamento, demonstrando interesse renovado.

- **Entrevista temática:** Assim como acontece nas entrevistas de história de vida, as entrevistas temáticas também têm o indivíduo como preocupação principal. Porém, em vez de imergir no universo de seu narrador, o pesquisador visa explorar, junto com ele, questões orientadas por um tema. As entrevistas temáticas buscam informações mais precisas, mais localizadas e mais pontuais. Elas enfocam um assunto previamente delimitado – a questão geral do projeto –, abrindo espaço para que os entrevistados descrevam como se relacionam com esse assunto: o que sabem sobre um acontecimento ou como um fenômeno foi vivenciado, por exemplo.

> Na prática, o entrevistador tem participação maior na condução do relato quando se trata de entrevistas temáticas (geralmente mais curtas e focadas). Ele costuma elaborar um roteiro temático que o oriente na hora das perguntas e que esteja claramente relacionado aos objetivos do projeto. As questões podem variar conforme o entrevistado, mas devem se remeter aos temas previstos no roteiro. Por exemplo: em uma pesquisa sobre a Jovem Guarda, um dos assuntos a abordar seriam as lembranças dos entrevistados a respeito de seu contato com esse movimento musical e com as modas da época.

Seria possível pensar em submodalidades ou em outras modalidades de história oral, como *história oral de família*, *história oral comunitária* ou *reminiscência*. Para o uso pedagógico do método, porém, a distinção entre entrevistas de história de vida e entrevistas temáticas é a mais relevante.

Ética em história oral

Como acontece em qualquer tipo de trabalho e de relação social, existe uma dimensão ética subjacente aos projetos de história oral. Ao conduzi-los, os pesquisadores devem ter em mente os direitos de quem fala (o entrevistado) e as responsabilidades de quem escuta (o entrevistador) – uma preocupação presente em todo e qualquer tipo de pesquisa, mas que se radicaliza em nosso caso, uma vez que lidamos diretamente com pessoas e seus sentimentos.

Hoje em dia, muitas investigações que envolvem seres humanos precisam ser previamente aprovadas pelos comitês de ética das universidades em que são desenvolvidas ou da agência apoiadora que as financia. Nos projetos de história oral em sala de aula, tais comissões provavelmente não estarão presentes – mas a ética continua sendo um imperativo. Discutir o tema em suas conexões com a história oral pode ser uma janela preciosa para uma reflexão mais ampla.

Muitas pessoas, quando falam em ética, estão na verdade tratando de uma dimensão *jurídica*. Afirma-se, por exemplo, que o material resultante de uma entrevista não pode ser utilizado sem o consentimento do entrevistado (isto é, sem a assinatura da carta de cessão, da qual falaremos adiante com mais detalhamento). Esse é, de fato, um ponto importante (mas que tem mais a ver com procedimentos legais do que com a ética, propriamente dita). Pode parecer desnecessário expor os alunos a eles, mas essa prática tem outra face: a de levar os estudantes ao reconhecimento de que as histórias narradas consistem em uma propriedade intelectual que deve ser respeitada e cujo uso precisa atender a uma série de cuidados, dependentes da negociação feita com o narrador.

Outros autores vão além: tratam da ética na história oral no seu sentido ideológico. Segundo eles, o praticante de história oral deveria estar comprometido com determinados grupos sociais, notadamente os excluídos ou "vencidos", como se diz em muitos textos da área. Desse modo, a história oral, em seu sentido utilitário, serviria para "dar voz aos vencidos". Mas o que dizer das entrevistas com perpetradores e com as elites? Mereceriam eles contar suas histórias? Esse é um debate complexo, que envolve posturas políticas conflitantes e concepções opostas de ciência. Entretanto, se quisermos conhecer a história e a experiência humana em sua complexidade, precisaremos admitir que a história oral também deve abarcar os chamados "vencedores" ou "dominadores". Por quê? Porque, especialmente na sala de aula, o desenvolvimento do senso crítico e da noção de complexidade social é fundamental. Será essa capacidade crítica que permitirá ao estudante, no futuro, formar opiniões próprias sobre a realidade e ser um cidadão participante em sua sociedade. No presente, a capacidade crítica permitirá que os alunos saiam de seu papel passivo e se vejam efetivamente como sujeitos da produção do conhecimento. Então, podemos afirmar que a ética em história oral independe do objeto da entrevista: não importa se tratamos da "vítima", do "carrasco", da "elite" ou dos "pobres".

De fato, existem muitos aspectos éticos que não podem ser desconsiderados. Um deles é a forma de uso dos produtos da entrevista (gravações, transcrições, imagem), que deve ser previamente acordada com os entrevistados. A transparência sobre os usos que serão feitos da entrevista é fundamental: o entrevistado tem sempre o direito de saber, de antemão, quais são os objetivos do projeto, como seu relato será usado e quais serão os produtos finais. Ele também tem direito a escolher se o anonimato será ou não utilizado e a decidir que aspectos do relato poderão ser divulgados e de que forma. Outra questão é a relação respeitosa com o entrevistado em cada uma das etapas de trabalho: o entrevistador não deve julgar o que está sendo dito nem forçar o narrador a tratar de temas que forem delicados, a menos que ambos concordem.

Cuidados éticos importantes

- Explicar aos entrevistados, de maneira esclarecedora, o projeto de pesquisa, seus objetivos, os procedimentos de trabalho e a forma como se pretende utilizar as entrevistas.

- Respeitar a prerrogativa dos possíveis narradores de escolher se querem ou não ser entrevistados e de optar por interromper sua participação em qualquer etapa da pesquisa.

- Não fazer promessas que não possam ser cumpridas – e estar atento a todas as responsabilidades das quais você se incumbiu;

- Tratar todo entrevistado com cordialidade e respeito, dedicando especial atenção a pessoas em situação de fragilidade e vulnerabilidade física ou emocional.

- Não utilizar entrevistas ou trechos de entrevistas sem autorização expressa do entrevistado, por escrito, respeitando sua privacidade e a confidencialidade do encontro.

- Sempre que utilizar a entrevista como fonte, fazê-lo de forma correta, contextualizada, e oferecendo a indicação de origem.

- Minimizar qualquer possibilidade de risco ao entrevistado, atentando a aspectos do trabalho de entrevista que possam prejudicá-lo física ou psicologicamente ou atingir sua reputação e sua imagem pública.

Da oralidade à escrita

Embora a história oral seja, em sua origem, oral (como, afinal, seu nome já diz), uma das formas que ela costuma adquirir é a escrita. É quase consensual a prática de passar para o espaço do papel aquilo que, originariamente, projetava-se com fugacidade no tempo: a voz falada. A transcrição das entrevistas amplia sua acessibilidade, abrindo caminho para uma variedade de estratégias de difusão. Por isso, criamos uma versão escrita para as entrevistas e ao mesmo tempo preservamos o registro oral.

Esse duplo cuidado é plenamente justificável, considerando-se que um dos princípios fundamentais de qualquer projeto de história oral é a geração de fontes, que, na escola, podem ser utilizadas por diferentes disciplinas, não apenas História e Língua Portuguesa. Quanto maior a variedade de suportes e de formas de acesso para essas fontes, melhor.

Os interessados em consultar as entrevistas costumam estar mais dispostos a ler do que a ouvir, já que a leitura é um meio de acesso mais rápido e organizado. Em posse de transcrições, os pesquisadores podem, com mais facilidade, realizar marcações e fichamentos temáticos, imprescindíveis para a análise das entrevistas. As transcrições são também matéria-prima para a produção de reportagens e para outras atividades de integração do aluno no ambiente escolar. Além disso, a versão escrita da entrevista oferece mais segurança e confiabilidade. Por maior que seja o cuidado com nossas fitas ou com nossos arquivos digitais, não é possível assegurar que uma gravação sobreviverá por muitos anos ou décadas, ao passo que uma cópia impressa pode ter sua deterioração controlada. A longevidade de uma transcrição será, provavelmente, muito maior.

É fundamental que se tenha em vista, porém, que a transcrição não é nem pode ser considerada uma "cópia" da gravação. Ela consiste em uma "representação" – e não em uma "reprodução"; esta última seria inviável, na medida em que os recursos da escrita têm natureza própria. Por isso, a transposição do oral para o escrito não é um processo mecânico, mas sim uma operação ativa em que o pesquisador toma parte para garantir, como material de leitura, a melhor representação possível da gravação.

E no que consiste a transcrição? Simplificadamente, na escrita, palavra por palavra, daquilo que foi dito durante uma entrevista. Com uma transcrição, cria-se uma espécie de relato escrito da entrevista gravada, e isso sugere que esses dois documentos são bastante distintos. Na passagem do oral para o escrito, perde-se muita coisa: o sabor da oralidade, o tom das falas, o volume, o ritmo, as entonações, os jeitos de falar, as pausas, as nuances... Dificilmente se encontra forma de reproduzir, por escrito, o gestual e os olhares que caracterizam a entrevista e que são igualmente importantes nessa troca interativa, comunicacional, intercorporal e intergestual. É praticamente impossível reproduzir tudo isso – e essa é a razão pela qual a transcrição nunca substitui a gravação, devendo ser mais bem entendida como uma chave de acesso para aquilo que esta última registrou.

A diferença entre a transcrição "fiel" e o texto final

Ao transcrevermos uma entrevista, podemos ter a ilusão de que seria possível uma transcrição fiel do que foi dito. Todavia, o texto que resulta desse processo é sempre diferente da fala, pois são códigos de comunicação diferentes: o oral e o escrito. Então, podemos confiar na transcrição? Ela é fiel ao que foi dito? Uma boa transcrição deve, sim, respeitar as palavras gravadas – mas ela não conseguirá, sob nenhuma hipótese, se "igualar" à versão oral. O texto final da entrevista deve ser uma cópia das palavras e frases ditas, e é a ele que devemos nos apegar para o armazenamento em bancos de histórias ou para a análise científica.

Ao trabalharmos com o texto final de uma entrevista, precisamos estar conscientes de suas limitações como produto derivado de uma forma oral. Isso, entretanto, não desmerece seu valor e nem tira dele a relação de fidelidade com a gravação. Trabalhamos sempre com cuidados e critérios para que o texto seja o mais parecido possível com o que foi dito e para que se tente reproduzir o ambiente da entrevista. Existem diversas propostas técnicas para isso, incluindo edições no texto após a transcrição.

PARTE 2

OUVIDOS ATENTOS: A ENTREVISTA COMO PRÁTICA PEDAGÓGICA

Esta segunda parte do livro descortina as possibilidades de uso da história oral em diferentes disciplinas escolares, sob a forma de entrevistas feitas pelos alunos. Vamos apresentar um guia para a realização de projetos – enfocando predominantemente, como dissemos, o ensino médio. Buscaremos apresentar ferramentas básicas para a utilização da história oral em sala de aula, propondo uma visão mais flexível do método, dada a dificuldade de estabelecer um modelo universal aplicável a todos os casos. Para a implantação dos projetos no ensino fundamental, por exemplo, podem ser necessárias adaptações em face dos objetivos pedagógicos do professor, da disciplina ensinada, de repertório do docente e das condições materiais da escola.

Aqui, além de temáticas e exercícios apropriados ao ensino médio, ofereceremos indicações para os professores interessados em aprofundar seus conhecimentos sobre história oral ou utilizar materiais adicionais em sala de aula. Existem inúmeros livros, vídeos e *websites* que podem ser incorporados ao trabalho pedagógico com história oral. O professor pode buscar esse material em seu próprio repertório. Aqui, selecionamos e listamos alguns trabalhos passíveis de serem empregados como material complementar.

É sempre necessário considerar as especificidades da relação entre professor, escola e alunos na implementação de um projeto ou de uma metodologia de ensino pouco comum. Nem todos estarão em condições de usar a história oral em seu modelo de trabalho, mas poderão amoldá-la. E se, por um lado, não há um esquema único para a utilização da história oral na sala de aula, por outro, ela é bastante abrangente: pode servir aos mais diversos campos dentro das Ciências Humanas, Exatas e Biológicas, como pretendemos mostrar e orientar.

No ensino de História, a prática da pesquisa de campo é valiosa para a discussão do conceito de fonte histórica e da natureza do conhecimento histórico. Ela ajuda os alunos a entenderem que uma fonte histórica pode ser criada, que os registros dos fatos não estão necessariamente disponíveis em documentos oficiais, ou apenas neles. Entrevistas não apenas ilustram, na vida concreta, um processo histórico geral – mas também desafiam esse processo. Com isso, fazem o estudante *pensar* sobre a forma da consolidação do conhecimento histórico, sobre a ideia de que as narrativas históricas consolidadas são leituras – às quais se pode somar a dele próprio. A história oral desafia a linearidade da história e coloca em pauta a ideia do *problema* de pesquisa.

Em uma perspectiva interdisciplinar, o trabalho com entrevistas faculta uma aprendizagem ativa e mobiliza diferentes habilidades. É possível pensar em um trabalho – até mesmo no ensino fundamental – que integre, por exemplo, três disciplinas: História, Língua Portuguesa e Matemática. Seria possível criar um projeto com a finalidade de entender como as gerações passadas viviam sem o uso de calculadoras, a fim de explorar a forma como os pais e avós faziam cálculos, como resolviam problemas e como era a vida cotidiana no passado, considerando-se os termos usados para as operações matemáticas do dia a dia. Nesse caso, seria possível desenvolver, junto aos alunos, um modelo de entrevistas que abarcasse questões sobre: onde eram feitas as compras na época em que os pais e avós eram jovens, como eram calculados os valores de compras e dívidas, quais eram as palavras utilizadas para designar os registros de cálculos e listas de compras, etc.

> O processo de produção de fontes orais pode ser entendido como uma maneira de responder a problemas de diversas disciplinas, produzindo conhecimento novo sobre os temas estudados e motivando a articulação entre diferentes matérias.

A troca intercultural e intergeracional também é muito rica. Esse método pode instituir pontes entre gerações, possibilitando um diálogo entre diferentes sucessões geracionais ou entre membros de diferentes grupos. Muitas vezes, o narrador sente que tem o dever de transmitir experiências para as gerações mais jovens – que devem estar preparadas para ouvi-las. As entrevistas suscitam a curiosidade dos alunos sobre pessoas mais velhas ou de outras culturas: o que nos faz iguais ou diferentes? O que mudou ao longo dos tempos? Como um hábito social se apresenta?

> O exercício da escuta estimulará os alunos a quererem saber e perguntar mais sobre fatos passados e visões diversas sobre o mundo.

Orientações a professores e dirigentes de escola

O professor pode querer usar história oral na sala de aula, mas isso não basta: ele precisará ter meios para transformá-la em um projeto pedagógico viável e para colocá-la em prática. Isso pode ser feito de várias maneiras – é fundamental que o docente escolha a sua. A primeira providência será *comunicar* sua ideia e encontrar a oportunidade e o espaço ideal para implementá-la. Ele precisará de apoio da escola ou dos colegas para realizar o projeto, o que dependerá também da duração e do alcance do trabalho.

1. São vários os tipos de projeto que poderão ser desenvolvidos. O professor precisará avaliar quais são as chances de cada um frutificar na instituição onde leciona.

> O trabalho poderá durar um dia, uma semana ou um semestre. Nem sempre será possível empreendê-lo nos moldes idealizados – mas sempre haverá um caminho por onde começar. Felizmente, a flexibilidade intrínseca aos projetos de história oral facilita sua aplicação em sala de aula, mesmo com poucos recursos e apoio.

2. Para iniciar a sistematização do projeto e definir objetivos e caminhos, **sugere-se que o professor pergunte: Por que realizar este projeto? Por que ele é importante? Quais problemas o projeto poderá ajudar a solucionar? O que buscamos como resultado? Como pretendemos alcançá-los? Pedagogicamente, quais são as vantagens do projeto com história oral diante de outras possibilidades?**
3. Os projetos realizados na escola podem tomar variados formatos, em função de suas propostas e objetivos, por isso **é importante que o professor tenha clareza sobre quais são seus propósitos.**
4. **O professor também necessitará dialogar com seus colegas e os demais membros da instituição sobre seu trabalho de história oral para antecipar dúvidas e, quem sabe, encontrar parceiros.** Pode-se fazer isso tanto informalmente, checando se seus superiores oferecerão apoio ao projeto, quanto formalmente, apresentando sua proposta por escrito.

> Os pais dos alunos também precisam ser avisados de que seus filhos participarão do trabalho, de preferência explicando-se a eles as razões e finalidades da atividade e como ela trabalhará conteúdos e habilidades. Isso é importante porque, eventualmente, os próprios pais poderão se envolver, sendo entrevistados, indicando entrevistados, ou os filhos poderão pedir que eles os acompanhem nas entrevistas e nas tarefas de casa.

5. **Em geral, é mais fácil executar projetos de história oral que se adaptem à rotina da escola,** isto é, que aconteçam, na maior parte do tempo, dentro da aula e que estejam estritamente ligados aos temas das disciplinas.
6. Os trabalhos podem ser individuais, em grupos, podem envolver toda a turma ou até mesmo uma coletividade maior. Podem ser desenvolvidos em uma única disciplina ou ser interdisciplinares. Podem durar um dia ou um semestre, sendo divididos em várias partes e alojados em diferentes aulas.
7. Iniciativas individuais, sem parcerias com outras disciplinas, são bem-vindas e mais fáceis de ser postas em prática, já que

não alteram muito o currículo obrigatório. São os casos dos projetos de história oral atrelados aos conteúdos previstos, normalmente mais à mão do professor. Iniciativas mais ousadas, interdisciplinares, podem ser reservadas a um segundo momento, quando o professor tiver angariado a confiança da escola e dos alunos.

> Por limites técnicos e de tempo, as iniciativas individuais nem sempre são executadas plenamente nem instituem a continuidade desejável – pois o currículo escolar é amplo, e o tempo é muitas vezes escasso. Então, é desejável tentar envolver a escola como um todo, ou parte dela, no projeto, atraindo mais professores que contribuam para a execução imediata do trabalho de história oral e que possam dar continuidade a ele futuramente. Esses colegas imprimem ao trabalho uma faceta interdisciplinar e são um importante apoio para legitimá-lo dentro da escola.

8. **É recomendável que se dialogue com a escola para buscar uma institucionalização da prática da história oral,** por mais relutantes que seus dirigentes possam ser a uma "nova" ideia, possibilitando assim o registro contínuo e a conservação adequada das entrevistas. Projetos maiores têm mais chances de ser executados quando oferecem à escola algo de interesse comum: arquivos escolares, celebrações em torno de datas comemorativas para a comunidade, levantamentos que recuperem a história da instituição, ou mesmo trabalhos que possam participar de concursos, feiras e olimpíadas, e lhe oferecer visibilidade.

9. Ao mesmo tempo, **a dimensão do projeto deve ser levada em conta. Um único professor não deve assumir a responsabilidade de realizá-lo com centenas de alunos.** Ainda que se tenha em mente um projeto mais ambicioso, é sempre melhor começar com algo menor e testar suas potencialidades. É importante produzir registros que possam servir para divulgar a experiência do trabalho e seus sucessos (fotos, vídeos, etc.).

Etapas do trabalho com história oral

Modalidades de projeto
(que pode ser interdisciplinar ou temático)

Além das orientações descritas anteriormente, é preciso também que os professores e a escola saibam precisamente onde querem chegar com o uso desse método. Veremos mais à frente como fazer isso e qual o formato ideal para que um projeto de história oral seja apresentado e redigido.

Antes de os alunos começarem a pensar sobre o trabalho, é primordial que escola e professores definam alguns pontos:

- estratégias pedagógicas para o uso do trabalho com história oral;
- disciplinas envolvidas e relação destas com esse tipo de fonte (uso de relatos);
- relação do trabalho com o projeto político-pedagógico da escola;
- o que se espera dos alunos em termos de envolvimento e desenvolvimento pessoal e intelectual a partir dessa atividade;
- resultados esperados a curto e longo prazo e as formas de divulgação e apresentação dos resultados.

> Se o trabalho com história oral na escola não for organizado de maneira sistemática, ele poderá ter menos sucesso, desestimulando os estudantes a conduzi-lo com o envolvimento necessário. Um bom planejamento e a definição das suas contribuições pedagógicas conduzirão a resultados mais promissores.

O planejamento também tem sua importância porque reforça o compromisso dos participantes. O projeto escrito dificulta que as pessoas percam o entusiasmo com o trabalho no meio do caminho. Ao mesmo tempo, deve-se ter em conta que a pesquisa de campo com entrevistas abre muitas possibilidades, muitos caminhos – e o projeto nos lembra de que existem algumas metas a serem atingidas antes de desejarmos (como muitas vezes acontece!) ouvir e gravar o mundo inteiro.

Preparação dos alunos
(treinamento para o trabalho com história oral)

O trabalho com entrevistas é um aprendizado constante. Somente entrevistando é que aprendemos como falar, como perguntar, como agir frente a cada tipo de depoente. Os alunos precisam ser preparados para enfrentar essas dificuldades por meio da elaboração de um projeto escrito e da confecção de um roteiro de temas a serem abordados no momento da gravação. Isso levará tempo e precisará ser feito com antecedência, envolvendo as diferentes disciplinas e levando-se em conta os objetivos de cada uma.

Além dessa preparação para o momento da entrevista, deve-se explicitar aos estudantes o que se espera deles: antes, durante e após a gravação do(s) relato(s). Esse preparo deve envolver desde o manejo do equipamento até o contato com os entrevistados. Sugeriremos, ao longo deste livro, alguns exercícios e exemplos de sequências didáticas que podem ajudar professores e alunos a se prepararem para as atividades com a história oral.

Nunca é demais reforçar aos leitores que nossas propostas de trabalho devem ser entendidas como chaves de acesso para as muitas possibilidades de trabalho com a história oral na sala de aula. Os exemplos de sequências didáticas aqui apresentadas, longe de representarem receitas ou modelos acabados, são um convite para a experimentação na sala de aula, para que cada professor, ao sabor das demandas pedagógicas de sua comunidade, da sua escola, de cada uma de suas classes, possa elaborar suas próprias sequências didáticas e projetos envolvendo história oral.

Início das atividades de campo com os alunos

O início do trabalho com as entrevistas inclui a participação ativa dos professores, pois é fundamental que os alunos não se sintam retraídos ou desconfortáveis no momento de falar com os entrevistados e de gravar os relatos. Assim, os professores devem acompanhá-los nos primeiros contatos com os depoentes, garantindo o apoio necessário ao adequado andamento das atividades.

Realização da etapa pós-campo

Após as entrevistas, há ainda muito a fazer. As fases subsequentes do trabalho de gravação são a transcrição, a edição, a discussão das impressões sobre as entrevistas, sua análise, o uso dos relatos nas disciplinas, a avaliação da experiência, a divulgação dos resultados. Essas etapas devem ser planejadas com antecedência e envolver tanto alunos quanto professores.

A análise de entrevistas transcritas requer alguma prática. Para ajudar os alunos nessa etapa do trabalho, que é a mais complexa e que faculta o desenvolvimento de habilidades de síntese e classificação, podemos utilizar algumas ferramentas simples, como a técnica de codificação da transcrição por marcadores de texto:

- Os alunos escolherão algumas palavras-chave importantes para o trabalho para serem buscadas nas entrevistas (outras poderão ser acrescentadas durante o processo de análise). Elas serão os termos-chave de pesquisa que servirão de marcadores para o conteúdo da narrativa. Para cada termo chave será atribuída uma cor.
- O próximo passo será fazer uma leitura cuidadosa de todos os relatos e adicionar os marcadores, segundo as palavras-chave. Cada vez que o tema referente a um dos termos aparecer nas entrevistas, os alunos irão marcá-lo com uma caneta da cor a ele correspondente (outra opção seria fazer isso no computador. Nesse caso, pode-se criar um arquivo para cada tema-chave, em formato do Word. Cada vez que o tema aparecer nas entrevistas, ele será copiado para o arquivo correspondente).
- Finalizado esse processo, os alunos poderão comparar, por exemplo, todas as cores vermelhas no conjunto das entrevistas em suas diferenças e semelhanças, construindo hipóteses explicativas para os resultados encontrados.
- Em seguida, os trechos que contêm as mesmas palavras-chave poderão ser lidos e comparados coletivamente, buscando-se atribuir sentido para as semelhanças e diferenças levantadas. É esse sentido, atribuído pelos alunos ao conjunto dos relatos,

que irá produzir o material final, cuja contribuição pode se estender a projetos de diferentes disciplinas.

Algumas perguntas costumam ajudar os alunos a atribuírem sentido aos depoimentos ouvidos e a estabelecerem relação entre as entrevistas e aquilo que aprendem na sala de aula:

- "O que esse entrevistado quis dizer?"
- "Em que contexto ele disse isso?"
- "Isso tem alguma relação com as outras entrevistas?"
- "Qual é a relação desse trecho com _____?"
- "De que forma _____ aparece na fala deste ou daquele entrevistado?"
- Qual é a relação desse trecho com o que aprendo em sala de aula?

As perguntas devem estar orientadas para a análise dos relatos; dessa forma, estabelecerão uma disposição do material produzido pelos alunos e possibilitarão a organização das atividades em sala de aula. Ao exigir que os alunos comparem elementos da realidade com um problema específico de investigação, esse exercício contribui para o desenvolvimento de habilidades analíticas e do senso crítico dos alunos, conteúdos atitudinais tão almejados em nossas salas de aula.

Finalização do material

As entrevistas, depois de gravadas, costumam ser transcritas. Os alunos precisam ser devidamente orientados para a realização desse trabalho escrito, e também para a divulgação dos resultados. Eles podem ser estimulados com ideias criativas sobre a exposição dos relatos, tais como a exibição das entrevistas em pôsteres, a produção de um vídeo ou de um *website*.

> Para que as entrevistas sejam usadas pelos alunos e pela escola, será preciso obter uma autorização de uso do relato, que chamamos de carta de cessão.

Essa autorização pode ser pedida no momento da gravação, definindo os detalhes de publicação e arquivamento do relato.

Arquivamento e difusão

Uma vez gravadas e transcritas, as entrevistas finalmente poderão ser divulgadas e arquivadas, e é recomendável que os alunos sejam fortemente estimulados a produzirem outras formas de difusão para a comunidade, como, por exemplo, uma exposição em um centro cultural da região.

Inúmeras têm sido as formas de arquivamento dos relatos produzidos em trabalhos de história oral, desde os antigos arquivos de fitas cassete até, mais recentemente, o arquivamento das entrevistas em formato digital e a publicação das histórias em *websites*. A escolha dependerá dos recursos disponíveis na escola e de como se define o documento final: se será a gravação ou o texto do relato transcrito (editado ou não), ou os dois. De um modo ou de outro, deve-se decidir se as gravações ficarão arquivadas na escola ou se serão guardadas pelos alunos.

No caso do documento escrito, é importante que ele seja divulgado de alguma forma, pois isso reforça o valor da contribuição de entrevistadores e entrevistados para a construção coletiva de saberes.

> Sugestões (baseadas em nossas próprias experiências em sala de aula): uma exposição de painéis com fotos e histórias dos entrevistados; a criação de uma página no *website* da escola com as histórias coletadas; a produção de uma publicação de autoria dos alunos.

Uso pedagógico do material coletado

Na escola, a importância das entrevistas não se limita ao arquivamento e à difusão. Seu alcance ultrapassa essa dimensão, pois o rico acervo de memórias dará significado às diferentes aprendizagens. Assim, tanto no processo de produção e transformação dos relatos quanto após sua divulgação as disciplinas poderão se beneficiar da diversidade das informações produzidas.

Cada disciplina envolvida deve, sempre que possível, remeter os estudantes às conexões entre os relatos e os conteúdos das aulas. Uma boa ideia nesse sentido é propor atividades que envolvam trechos das histórias e que tornem necessário o estabelecimento de vínculos entre o conjunto das entrevistas e os temas tratados nas aulas.

Utilizando as entrevistas em diferentes disciplinas

História

As fontes orais propiciam ao aluno uma maior proximidade com a História, que deixa de ser vista como algo apartado, distante, difícil. É possível desenvolver uma sensibilidade maior para entender a dinâmica e os conflitos da história – que nunca é única, mas feita de múltiplas narrativas. As fontes orais facilitam o entendimento de que ela é um acúmulo de versões nem sempre concordantes.

Dessa forma, é no campo da História que as fontes orais parecem ter uma aplicação mais imediata. Projetos em sala de aula que envolverem o entendimento e a descrição de fatos do passado serão consideravelmente beneficiados por esse recurso. Como exemplo, podemos citar dois tipos de projeto: um relacionado à história recente do Brasil e outro sobre o período conhecido como "descobrimento" do nosso país.

No primeiro caso, os alunos poderiam entrevistar pessoas com mais de 60 anos a respeito dos presidentes do Brasil que conheceram durante suas vidas. Muitas perguntas podem ser feitas pelos alunos, que devem ser estimulados a desenvolver seus próprios roteiros de questões, apropriados aos objetivos do projeto: quem eram os presidentes em determinada época, o que o entrevistado pensava sobre ele, o que lembrava sobre a configuração política da época, sobre as contribuições em longo prazo, de quais fatos históricos que se lembra sobre um determinado período, o que ele estava fazendo naquele momento. A riqueza de informações coletadas será muito grande e poderá ser combinada com outros documentos: fotos e jornais antigos, por exemplo. O professor poderá levar outros documentos e textos para que os alunos conectem o conhecimento sobre uma época com as entrevistas realizadas.

No caso do período do "descobrimento" do Brasil, poderiam ser entrevistadas pessoas entre 30 e 50 anos, por exemplo, para investigar o que elas aprendiam na escola sobre esse assunto: se tinham conhecimento sobre as Grandes Navegações, sobre a situação da Europa nos séculos XV e XVI, sobre quem vivia no Brasil antes da chegada dos portugueses, e por meio de quais textos conheceram essa história. Os estudantes poderão comparar essas informações com a maneira como eles próprios foram introduzidos ao tema, e indagar o porquê de a noção de "descobrimento" ter sido colocada em questão em tempos recentes.

Existem também interessantíssimos projetos de história local: temas que muitas vezes não fazem parte do currículo e cuja lacuna pode ser suprida através da história oral. Projetos de história local oferecem facilidade para se encontrar narradores, não apenas pela proximidade entre os alunos e os assuntos de suas pesquisas, como também pelo fato de que muitas pessoas gostam de contar histórias sobre suas próprias comunidades. Nesses casos, porém, é sempre positivo buscar fazer conexões entre a história local e a história mais ampla, para que as produções dos alunos não se tornem apenas uma história em fragmentos. Devem-se buscar as correntes históricas mais gerais. Um dos grandes benefícios do trabalho com história local é que, ao estudá-la através das entrevistas, os alunos descobrem que não necessariamente a conhecem – isto é, deixam de pressupor que aquilo que está próximo é, de fato, conhecido.

É importante lembrar que os alunos precisam ser estimulados a fazer muitas perguntas e também a buscar outros tipos de fonte sobre o que foi relatado pelos entrevistados. Eles também podem ser instigados a pensar nas circunstâncias de produção da narrativa:

- Quais são as razões pelas quais este ou aquele entrevistado relatou certo fato de uma maneira e não de outra?
- Qual é a relação entre um fato relatado por uma pessoa e por outra?
- De que forma sua presença como entrevistador ou as conjunturas históricas atuais podem ter impactado esse relato?

Na realidade, são inúmeras as perguntas e respostas geradas pela experiência com esse tipo de pesquisa. Como a vivência com a produção de entrevistas é sempre estimulante, o professor pode ter nas mãos uma poderosa ferramenta para minimizar um dos grandes problemas das escolas: a não atribuição de significado, por parte dos alunos, para os conteúdos e as atividades escolares, muitas vezes entendida como "desinteresse" ou "falta de estímulo" por parte dos educadores. O estabelecimento de vínculos entre as experiências do mundo extraescolar e aquilo que se faz na sala de aula é uma excelente oportunidade de superar velhos estigmas do professorado.

Geografia

A história oral pode oferecer imensa contribuição para as reflexões sobre as transformações do espaço em um determinado período. As mudanças ambientais e político-geográficas também se beneficiam desse recurso.

Um exemplo de projeto com fontes orais nessa disciplina poderia ser o estudo das transformações urbanas e ambientais na comunidade do entorno da escola. Os alunos poderiam entrevistar pessoas mais velhas que relatassem como eram as ruas, o bairro e a cidade em sua época de infância, quais transformações o espaço sofreu. Perguntas sobre o ambiente seriam bem-vindas: qualidade da água, saúde, presença de animais, mudanças nas das áreas verdes, etc. Compreender como as condições de um determinado ambiente resultaram da ação humana no passado é uma das contribuições das entrevistas para a Geografia e também para disciplinas como Biologia, Química e outras.

Língua Portuguesa e Literatura

Como recurso baseado na oralidade, a história oral está intrinsecamente ligada à língua. Na disciplina de Língua Portuguesa, a história oral pode auxiliar o aluno a entender os diferentes usos da linguagem, tanto oral como escrita. Um possível projeto poderia tratar das formas de expressão em diferentes comunidades e gerações.

As entrevistas poderiam versar sobre palavras utilizadas nas gerações mais antigas ou em outros grupos, formas de expressão, modismos e variações. Os alunos podem, depois, escrever textos incorporando as formas de falar e o ponto de vista daquele entrevistado.

Na interface com a disciplina de Literatura, seria possível sugerir um trabalho em que fossem identificadas, nas histórias de vida, matrizes literárias e interveniências com obras da literatura. Para o trabalho com produção de textos, cairia bem um projeto de criação, a partir dos relatos ouvidos, de histórias ficcionais, de textos do gênero reportagem, de poemas e de peças teatrais. Outra forma de usar a história oral poderia consistir na coleta de histórias de tradição oral, lendas urbanas ou rurais, lendas brasileiras e folclore, com o objetivo de conhecer e entender sua estrutura literária.

As entrevistas coletadas também podem ser analisadas em sala de aula pela sua forma. Os alunos podem estudar como os narradores utilizam recursos, em sua fala, para manter o ouvinte (transformado em leitor, quando o texto é transcrito) interessado; como injetam drama, comicidade, suspense, em suas narrações. Os alunos, assim, poderão notar como determinados aspectos do estilo literário estão presentes no diálogo cotidiano.

Outro exercício interessante consiste em sensibilizar os alunos, por meio da análise das narrativas, para as diferenças entre a linguagem falada e a linguagem escrita, bem como para as estratégias de construção do discurso permeadas pelas vivências e experiências individuais. Ele poderá perceber como, através da fala corriqueira de uma entrevista, as pessoas articulam suas ideias, e entender a linguagem e as suas normas como algo que busca estabelecer certos padrões comunicacionais acessíveis a todos.

As entrevistas de história oral podem ser estudadas como um dos gêneros textuais, entre os vários ensinados em sala de aula: o gênero de entrevista. O que o diferencia do gênero narrativo ou do gênero poético? O que caracteriza cada um dos gêneros? Em alguma das entrevistas o entrevistado narrou em gênero diferente?

Além disso, pode-se buscar um elo entre a história oral e a literatura, como ocorreu em um projeto que a professora Kerry McKibbin desenvolveu com seus alunos em uma escola em Nova York e que consistia em buscar uma conexão entre a literatura e o mundo que cerca os alunos.

Eles leram um livro clássico da literatura norte-americana, chamado *O sol é para todos*, escrito por Harper Lee e lançado em 1960. Depois disso, os alunos buscaram entrevistar pessoas para abordar, nas entrevistas, os temas centrais do livro, especialmente a injustiça – o que fez os alunos despertarem para perceber que muito do que se encontra na ficção está efetivamente presente na vida real. A partir disso, os alunos transcreveram e editaram as entrevistas, e a professora conseguiu publicar um livro com o resultado disso, *Linking Literature*, com mais de 30 entrevistas de história oral selecionadas. O professor de Literatura poderia se inspirar nessa iniciativa e oferecer aos alunos a oportunidade de conectar uma obra de ficção da literatura brasileira com suas próprias vidas.

Por último, a história oral é de grande contribuição para a disciplina de Língua Portuguesa por envolver a tarefa da transcrição, que exige do aluno o domínio dos recursos da escrita (para muito além de sua norma culta) para que consiga expressar claramente o que foi dito na linguagem oral.

Línguas estrangeiras

Como no caso da Língua Portuguesa, o contato com diferentes maneiras de expressar a oralidade pode trazer contribuições ao ensino de línguas estrangeiras. Por exemplo, é possível estudar a presença de certas expressões estrangeiras na língua portuguesa através de entrevistas com pessoas mais velhas. Também renderia frutos um trabalho sobre a aprendizagem do português por imigrantes. Alternativamente, pessoas estrangeiras que vivem no Brasil poderiam ser entrevistadas sobre as dificuldades da aprendizagem de outras línguas e sobre diferentes estratégias de comunicação. Além disso, os estudantes poderiam procurar pessoas que falassem alguma língua que eles estejam aprendendo para saber mais sobre o lugar onde ela é falada e sobre os usos do idioma. Através das entrevistas, aprende-se não apenas o idioma, mas também sobre a cultura de outros povos. Outra atividade possível consistiria em exercícios de escuta e transcrição de entrevistas gravadas em inglês ou em outros idiomas, que pudessem ser localizadas em diversos *sites* da internet. Em turmas mais avançadas, o professor também poderia utilizar entrevistas para ajudar na contextualização de determinados termos e expressões, a fim de facilitar a compreensão dos diversos registros de uma língua estrangeira.

Sequência didática para a disciplina de Língua Inglesa[1]
(Tempo aproximado: 1h40)

A sequência didática visa utilizar os recursos da história oral no ensino da língua inglesa, em seu registro coloquial. Caso os alunos ainda estejam nas fases iniciais do estudo da língua, sugere-se a adequação do trecho de entrevista aqui proposto para outro disponível em *websites* como o 7 Billion Others (http://www.7billionothers.org/testimonies), que contém trechos gravados de entrevistas curtas com pessoas de todo o mundo, em várias línguas.

- Antes da leitura da entrevista, podem-se propor aos alunos algumas questões orientadoras: 1) Anote os termos em inglês que você ainda não conhece e tente saber o que significam; 2) Qual é o tema central da história relatada?; 3) Quais são as semelhanças entre a história que você leu e o Brasil?; 4) Como Juan Rivera vivia na prisão?; 5) Quais são os sentimentos descritos por ele sobre ser preso injustamente?

- Leitura individual da história de Juan Rivera, disponível no *website* Surviving Justice (http://survivingjustice.tumblr.com/post/26092261226/there-are-some-that-are-worth-saving-juan-rivera), incluindo a elaboração das respostas para as questões iniciais.

- Em pequenos grupos, os alunos discutirão suas respostas para as questões orientadoras, buscando agora responder a mais

---

[1] Algumas das sequências didáticas exemplificadas neste livro já foram testadas em sala de aula, outras são elaborações a partir de experiências de outros colegas. Sua função neste livro é tão somente a de sistematizar as ideias desenvolvidas nos capítulos e estimular seu desdobramento na elaboração de projetos e de sequências didáticas, que poderão ser adaptados às necessidades de cada professor, disciplina, nível escolar ou instituição.

uma pergunta: qual a diferença entre o inglês coloquial e o inglês formal?

- Com a sala novamente reunida, segue-se uma discussão das ideias que emergiram na reflexão dos pequenos grupos. Dependendo do que os alunos trouxerem para a discussão coletiva, a ênfase pode recair no uso da língua inglesa em sua forma coloquial, nos termos utilizados pelo narrador, ou nas comparações entre a história de Juan Rivera e casos equivalentes ocorridos no Brasil e que sejam de conhecimento dos estudantes.

- Como atividade extraclasse, os alunos poderão pesquisar, na internet e em jornais, casos de brasileiros que foram presos injustamente. Essa pesquisa pode servir como interface para sequências didáticas de disciplinas como História e Sociologia.

> Em janeiro de 2014, o ator Vinícius Romão de Souza foi preso injustamente no Rio de Janeiro. Ele foi confundido com um ladrão. O caso foi amplamente divulgado na mídia e suscitou diversas questões sobre a atuação da polícia no Brasil, sobre o preconceito racial no sistema prisional e sobre os erros do sistema judiciário brasileiro.
>
> Informações sobre o caso poderão ser encontradas em diversos *links*, entre eles:
>
> http://g1.globo.com/jornal-hoje/noticia/2014/02/ator-preso-injustamente-pode-ser-solto-hoje-no-rio-de-janeiro.html
>
> http://globotv.globo.com/rede-globo/jornal-hoje/v/ator-e-libertado-apos-16-dias-preso-injustamente/3175251/
>
> http://rd1.ig.com.br/famosos/tais-araujo-e-milton-goncalves-comentam-caso-de-ator-negro-preso-injustamente/242438
>
> O caso fez com que outros exemplos de pessoas presas injustamente emergissem na mídia, como o de Heberson Lima de Oliveira:
>
> http://noticias.r7.com/cidades/homem-preso-injustamente-luta-por-indenizacao-apos-contrair-hiv-em-estupro-no-presidio-10012014

> Outros exemplos são citados nesta notícia:
> http://noticias.r7.com/cidades/fotos/presos-injustamente-homens-ficaram-ate-2-anos-em-cadeias-do-pais-02032014?foto=6#!/foto/1

Sociologia e Filosofia

A Sociologia utiliza frequentemente, em seus trabalhos de pesquisa, o método de história oral. As narrativas são excelentes fontes de pesquisa para o entendimento de configurações sociais, processos identitários, modos de vida e estruturas políticas e econômicas. Os alunos poderiam construir diferentes projetos buscando compreender a sociedade e a comunidade com base em entrevistas. Um exemplo seria um projeto sobre as relações entre patrões e trabalhadores durante o regime militar no Brasil. Poderiam ser entrevistados trabalhadores que vivenciaram o período para explorar suas posições políticas, sua situação de trabalho e as relações entre colegas. Quanto à Filosofia, uma sugestão seria analisar as narrativas coletadas do ponto de vista da lógica de argumentação e das proposições do discurso.

Ciências da Natureza (Biologia, Química e Física)

A história oral pode fornecer importantes subsídios para a compreensão de fenômenos da natureza, na medida em que revela experiências de vida e a convivência entre o homem e a natureza. Entre os projetos ricos e interessantes que podem ser levados a cabo nas escolas, temos: o uso de remédios no presente e no passado, os avanços na área da saúde ao longo do tempo, os processos químicos na culinária, o aprendizado e o uso das ciências hoje e no passado, as histórias das pessoas a respeito de seu cotidiano no tocante à transformação e à preservação do meio ambiente e dos recursos naturais.

O conhecimento popular sobre as características de plantas e animais também é um tema atraente para um trabalho de Biologia utilizando a história oral: os alunos poderiam entrevistar pessoas que têm plantas em casa ou que moram ou tenham morado no campo a respeito de seu conhecimento sobre os ciclos das plantações e sobre as necessidades do cultivo de diferentes plantas, ou ainda sobre o uso de plantas medicinais. Os estudantes também poderiam entrevistar cientistas de diferentes áreas para investigar como são suas carreiras, como é o cotidiano de suas atividades, como a produção científica é realizada e difundida, como a criatividade e a aptidão se combinam no exercício da profissão.

Matemática

Em Matemática, a história oral pode ser utilizada para associar os conteúdos de sala de aula às experiências com o uso dos recursos matemáticos do cotidiano de entrevistados das mais diversas idades ou culturas. O estudante poderá conhecer como eram feitos os cálculos no passado (sem o uso de computadores e calculadoras) e de que forma se aprendiam fórmulas e outros algoritmos. Dentre as diversas formas de aliar a oralidade ao estudo de matemática, um interessante exercício seria aprender como as pessoas mais velhas decoravam ou memorizavam, em seu tempo, as tabuadas e outros algoritmos utilizados nas operações fundamentais. Sugestões de projetos não faltam: como, no passado, eram feitos os cálculos durante as compras? Como era calculado o uso do salário mensal?

Ensino Religioso
(nos casos de escolas que oferecem esta matéria)

As experiências religiosas muitas vezes não são registradas em documentos oficiais, o que as transforma em um vasto terreno a ser explorado pela história oral. Nesse sentido, cabe buscar compreender, por meio de entrevistas, os costumes e as práticas de grupos religiosos e sua associação à vida individual das pessoas. Nas escolas que têm o Ensino Religioso na grade curricular, a riqueza desse tipo de trabalho é imensa, pois o aluno poderá entender melhor as práticas e as características de diferentes abordagens religiosas, além de ganhar conhecimento sobre a história de diferentes religiões. Uma sugestão de projeto seria com entrevistas que visassem apreender as diferentes vivências individuais em relação a Deus e aos rituais religiosos diversos.

Esses dados poderiam contribuir para dois fins: o entendimento sobre a diversidade religiosa que caracteriza a humanidade e a constatação de que a religião é parte da experiência humana, estando presente em todos os povos, sob variadas formas. Além disso, as experiências ouvidas pelos alunos poderão permitir que eles entendam e conheçam melhor as vivências subjetivas em relação à espiritualidade e sua relação com o contexto religioso mais amplo.

Artes

Um bom projeto de história oral no ensino de Artes consistiria em escutar experiências sobre a vida e o trabalho artístico, para problematizar e desmistificar conceitos como "talento" e "dom" e para mostrar a importância do trabalho e da persistência na carreira artística. Os alunos compreenderiam que a vida de um artista depende de trabalho, de decisões pessoais, de formação e estudo.

Um curso de artes voltado para a música poderá criar um projeto de história oral no qual os alunos busquem ouvir as experiências de pessoas em torno de vários gêneros musicais, ou de peças específicas. Pode-se fazer um estudo em que se busque a reação dos entrevistados a uma variedade de gêneros ou até mesmo sobre sua cultura musical. As disciplinas de artes também podem trabalhar em parceria com professores das outras disciplinas, em qualquer tipo de projeto, buscando dar forma às produções baseadas em história oral, como veremos mais tarde: elas podem se envolver e orientar os trabalhos de exposição dos resultados dos projetos, tais como pôsteres, *webdesign*, dramatização ou outras formas de apresentação artística das entrevistas.

Sequência didática para a disciplina de Música
(tempo aproximado: 2 horas)

- Antes da realização da atividade, os alunos devem pesquisar, em casa ou na escola, sobre a história da música popular brasileira no século XX, enfocando a história do samba e da bossa-nova, e também sobre a cantora Alaíde Costa e o compositor Johnny Alf, que estão entre os mais importantes artistas de nosso país.

- O professor inicia a atividade contando aos alunos um pouco da história da música popular brasileira no século XX e tratando dos diferentes instrumentos musicais que foram privilegiados em cada estilo e momento da música brasileira, especialmente com as renovações trazidas pela bossa-nova nos anos 1950.

- Leitura do trecho da entrevista de história oral da cantora Alaíde Costa:

"Desde 1952, sou fã de Johnny Alf. Fã de carteirinha! Nessa época ele tinha um programa só dele, cantando e tocando piano, na Rádio Clube do Brasil. Eu sempre o via por lá porque o programa de calouros era antes. Fiquei completamente enlouquecida com aquela música! [...] Também desde essa época de programa de calouros gosto muito de piano. Eu adorava tocar! Chegava na sala de ensaios e ficava sentada, mexendo... Aí, vinha o José Maria de Abreu, um grande pianista que acompanhava os calouros, e me dizia como fazer... [...]

Meus primeiros dedilhados eram totalmente intuitivos. Nada, assim, com estudo. Alguns anos depois, quando me tornei profissional e passei a ser conhecida no meio da música, o Vinícius de Moraes falou para o Baden Powell que tinha me ouvido e gostado muito. O Baden me levou até a casa dele. Quando ele me viu mexendo no piano, disse para eu estudar com o Moacir Santos, que na época dava aulas. [...] O Moacir tinha dois pianos: ele sentava de um lado, passando teoria, harmonia, explicando o que tínhamos de fazer... Os alunos ficavam no outro, estudando."

Depoimento de Alaíde Costa, entrevistada por Ricardo Santhiago. In: SANTHIAGO, Ricardo. *Solistas dissonantes: História (oral) de cantoras negras.* São Paulo: Letra e Voz, 2009. p. 253-254.

- Em grupos, e sob orientação do professor, sugere-se que os estudantes reflitam sobre suas dificuldades com a aprendizagem da música e sobre as vantagens do conhecimento de mais de um instrumento para sua formação musical. Em seguida, eles pensarão nas diferenças de estilo e instrumentos musicais usados na música popular brasileira na época em que Alaíde Costa e Johnny Alf iniciaram suas carreiras (a bossa nova dos anos 1950 e 1960); no rock brasileiro dos anos 1980, e nos dias de hoje. Outra possibilidade seria pensar nas diferenças na harmonia, nos instrumentos musicais utilizados, nos modos de cantar, etc.;

- Ao final da discussão em grupo, o professor poderá mediar uma discussão final sobre a relação entre a atividade com a entrevista da cantora, a discussão gerada nos diferentes grupos e os conteúdos em curso na sala de aula.

Figura 2 – Alaíde Costa e Johnny Alf, artistas brasileiros que se profissionalizaram durante o movimento musical da bossa nova (foto de Marco Aurélio Olímpio).

Entrecruzamento de disciplinas

Um projeto com história oral na escola será claramente beneficiado se for um trabalho conjunto de diversas disciplinas.

Um exemplo que traria ótima integração entre disciplinas seria sobre a história da escola ou da comunidade de seu entorno. Temas como a história da comunidade e de seus diferentes grupos, suas formas de falar, a evolução da paisagem dos bairros e da vegetação, as relações comerciais e financeiras na comunidade dariam bons conteúdos de pesquisa para entrevistas de história oral e poderiam resultar em um produto final que integrasse todas as matérias de um determinado ano, tal como uma exposição dos resultados do trabalho no final do ano aberta à própria comunidade.

Os alunos devem ser incentivados, antes mesmo da pesquisa, a refletir sobre os assuntos que poderiam ser estudados em um projeto desse tipo. Eles podem variar muito, abarcando, entre outras possibilidades, temas como: família (valorização do intercâmbio geracional), grupos migrantes (dinâmica de formação histórica e social da comunidade), memória comunitária (valorização das experiências do entorno da escola), memória da escola (preservam a memória da escola, geralmente lembrada apenas em seu aniversário), memória política, memória da cultura e das artes, memória do meio ambiente e da saúde, memória dos esportes, memória do conhecimento, da tecnologia, do aprendizado e das profissões.

> São muitos os temas possíveis para um projeto de história oral na escola, disciplinares ou interdisciplinares. O professor precisa ter em mente a realidade da escola, dos alunos, da comunidade para selecioná-los. E também poderá levar em conta os desejos dos alunos, quando estes trouxerem suas ideias. Porém, é responsabilidade do educador avaliar se o tema proposto é exequível, se existe material disponível para a pesquisa prévia, se os entrevistados serão facilmente localizados, entre outros aspectos.

Os projetos relacionados à história da escola podem favorecer a sensação de envolvimento do estudante em uma história mais ampla e aguçar a percepção de que ele faz parte de uma sucessão de acontecimentos. Podem ser entrevistados ex-alunos, ex-professores, antigos funcionários, além de pessoas da geração atual. Isso oferece um excelente modelo para a percepção das transformações de uma comunidade ao longo do tempo.

Uma sugestão para motivar os alunos seria propor que eles pensassem e desenvolvessem o formato do produto final das entrevistas, escolhendo também os entrevistados e, possivelmente, trazendo alguns deles para falarem na escola. Nesse tipo de projeto, os professores de diferentes disciplinas poderiam utilizar seu tempo de aula para completar as várias partes do projeto:

- o professor de Matemática poderia ajudar a elaborar uma planilha orçamentária do projeto;
- o professor de Língua Portuguesa poderia cuidar das etapas de transcrição e edição das entrevistas;
- o professor de Artes poderia orientar produções artísticas dos alunos inspiradas nas entrevistas;
- o professor de História poderia orientar pesquisas a respeito dos fatos históricos mencionados pelos entrevistados;
- e assim por diante...

A relação da história oral com o desenvolvimento de habilidades

Além de ser um bom recurso pedagógico a ser utilizado por diversas disciplinas – facilitador de diferentes aprendizagens que é –, o trabalho com história oral fomenta o desenvolvimento de outras habilidades gerais, de conteúdos atitudinais relacionados à formação cultural e humana do estudante de maneira mais ampla.

Comunicação

A história oral favorece o treino da fala e da escuta, bem como das qualidades da paciência e do respeito com o outro. Ao mesmo tempo, consiste em uma oportunidade de o aluno descobrir o que faz melhor em termos de comunicação: se escuta melhor, se fala melhor, se escreve melhor, se lê melhor. Às vezes um aluno pode ter dificuldade para se comunicar, mas ser a pessoa ideal para editar uma entrevista. O aluno também aprende, com a história oral, a encontrar formas melhores de elaborar ideias, de formular perguntas, de se fazer claro para o outro.

Sensibilidade

Entrevistas são o nascedouro de muitas amizades – ou, pelo menos, de uma empatia forte e duradoura em relação ao outro, já que são uma busca pela compreensão de uma vida. Embora qualquer pessoa possa ser entrevistada, a história oral pode ser um momento importante para aguçar as trocas intergeracionais e interculturais, demandando uma sensibilidade adicional nos cuidados com pessoas diferentes.

Cidadania

No trabalho com entrevistas, radicaliza-se a percepção da importância da democracia e de um ambiente político dentro do qual seja possível falar, expressar livremente as ideias, sem censuras ou proibições. A história oral amplia o entendimento do estudante a respeito da vida em sociedade; do respeito às diferenças e aos direitos dos outros; das riquezas de uma sociedade plural.

> Por tornarem o aluno ator participante, os projetos desenvolvidos na escola com a história oral permitem o desenvolvimento e o aprimoramento da consciência cidadã.

Curiosidade

O trabalho com história oral pode aguçar a curiosidade e o interesse pelo conhecimento, na medida em que exige que o aluno realize pesquisas antes de entrevistar e analisar os resultados. Quanto mais pesquisa o estudante fizer, mais conhecerá o assunto e mais interessado estará na entrevista – não ficará olhando para o relógio nem bocejará durante a conversa. De certa forma, a perspectiva de não "ter assunto" durante uma entrevista reforça no aluno a importância do preparo prévio.

Ao pesquisar alguns *sites* de instituições que trabalham com história oral (ver *sites* indicados na Parte I deste livro), o aluno poderá descobrir entrevistas já realizadas sobre temas relacionados com os que ele está pesquisando. Isso pode não apenas lhe indicar novas questões sobre os temas que sua escola está trabalhando, como também lhe mostrar que suas próprias indagações já foram objeto de outras pesquisas. Mais que isso: que respostas dadas por seus entrevistados ecoam em outros relatos, feitos por outros entrevistadores, em outras realidades. Tais constatações têm, dentre outros aspectos, o mérito de fazer com que o estudante perceba, por exemplo, os alcances e os limites da pluralidade de uma sociedade; a força e a amplitude de memória coletiva. Afinal, homens e mulheres distintos, vivendo em lugares também diferentes, têm aspirações, interesses e desejos muito semelhantes.

Quanto mais o professor souber explorar tais percepções, mais condição terá de desempenhar um dos principais papéis do educador: ajudar seus alunos a aprenderem a perguntar sobre o mundo que os rodeia, bem como a relativizarem suas visões sobre os comportamentos sociais.

Habilidades no uso de recursos tecnológicos

Além de exigir o uso de aparelhagem para gravação e tratamento de entrevistas, a prática de história oral fomenta o desenvolvimento de habilidades no uso e na combinação de diferentes recursos tecnológicos, a começar pelas pesquisas na internet. Os estudantes podem também aprender sobre a construção de *blogs* e *websites*, montando um acervo de entrevistas *on-line*. Podem aprender sobre edição de textos no computador e sobre a inserção de recursos multimídia nas entrevistas.

O projeto de história oral: como fazer

Todo trabalho de história oral ou de registro da memória de um grupo requer planejamento. Um projeto consiste em uma previsão sistemática das etapas de um trabalho. Ele é realizado antes da coleta das entrevistas, a fim de direcionar os caminhos que elas percorrerão.

O planejamento inicial é importante porque os passos são dados de acordo com o lugar onde se busca chegar. Dentro de um experimento de história oral na escola, deve-se ainda considerar a contribuição pedagógica dessa etapa de planejamento para a formação dos alunos. Ela permite praticar a disciplina pessoal e abrange o direcionamento de objetivos claros e específicos, reforçando nos estudantes a objetividade, a organização e o comprometimento com um trabalho coletivo.

O projeto de história oral precisa conter alguns eixos que permitirão seu bom desenvolvimento:

1. **Tema:** definição do assunto geral a ser trabalhado no projeto, por exemplo, "memória da comunidade do bairro da Cantareira"; "história dos idosos italianos que fundaram a escola"; "memória dos livros didáticos dos antigos alunos da escola"; e assim por diante. Esse recorte permitirá ao estudante se centrar em um objetivo específico que o orientará durante as entrevistas.

2. **Relação com as disciplinas:** por se tratar de um projeto de história oral na escola, seu principal objetivo deve ser o enriquecimento das aprendizagens de uma ou mais disciplinas. Desse modo, é muito importante que o aluno tenha consciência da relação do trabalho com cada matéria envolvida. Uma dica é pedir que os estudantes definam claramente, por escrito, como pretendem usar os dados obtidos nas entrevistas em atividades propostas por diferentes professores.

3. **Grupo entrevistado:** os alunos ou grupos necessitarão definir, de antemão, quem fará parte do corpo de entrevistados e quais características definem quem pode ser entrevistado ou não. São os traços comuns que "unem" um conjunto de pessoas com vivências parecidas, ou seja, que compartilharam algo que pode ser recuperado pelas lembranças, constituindo o que se chama de "memória coletiva". Esses elementos distintivos podem ser, por exemplo, uma determinada faixa etária, certa profissão ou até mesmo pessoas que tenham assistido a uma antiga novela de sucesso.

4. **Objetivos:** saber onde se quer chegar é fundamental para o sucesso da empreitada. Os estudantes precisam ser estimulados a definir metas claras para o trabalho: o que querem saber e o que pretendem fazer com as entrevistas. Os objetivos devem estar em conformidade com as expectativas das disciplinas envolvidas, com o grupo estudado e com os recursos disponíveis e o

cronograma, pois disso dependerá o sucesso do trabalho. Eis alguns exemplos de "objetivos" extraídos de projetos de história oral em escolas: "resgatar a memória da escola por meio das lembranças de antigos estudantes das décadas de 1970 e 1980"; "conhecer a história das fábricas e dos trabalhadores no bairro dos arredores da escola"; "reconstruir a história das donas de casa do bairro, no período entre 1980 e 1990"; "entender como se aprendia matemática nas gerações passadas que estudaram no colégio"; e assim por diante.

5. **Resultados esperados**: com tal grau de planejamento, é também necessário que sejam previstos os produtos finais do trabalho, isto é, como se pretende aplicá-los em cada disciplina envolvida, que tipo de tratamento será dado às entrevistas, como se pretende arquivá-las e qual será a contribuição do trabalho para a escola, para a vida dos estudantes e da comunidade. Tais justificativas são muito importantes para garantir o envolvimento dos alunos.

6. **Recursos necessários**: para que o trabalho transcorra bem, é importante que se avaliem os recursos de tempo, de pessoal e os materiais disponíveis, a fim de ter uma perspectiva clara do que será possível ou não realizar. Dessa forma, devem ser descritos: os recursos disponíveis (gravadores, computadores, transporte para realização das entrevistas, livros, blocos de anotações, canetas, etc.); o pessoal envolvido (alunos e docentes); e o tempo (tempo disponível, cujo detalhamento será previsto no cronograma).

7. **Procedimentos técnicos de realização das entrevistas**: essa parte se refere a cada etapa de realização das entrevistas. É necessário prever as formas de contato com os entrevistados, o agendamento das gravações, as autorizações de uso dos registros (a chamada Carta de Cessão de Direitos Autorais), as transcrições e as edições necessárias.

8. **Coleta de eventual material complementar**: um projeto com memória pode envolver outras fontes de informação além das entrevistas, tais como fotos, cartas, objetos que ajudem no resgate das lembranças, conteúdo jornalístico, etc. Será preciso prever

que tipo de material será utilizado e como ele dialogará com as entrevistas, evitando que os alunos fiquem confusos com o uso das informações obtidas.

9. **Cronograma:** consiste na previsão das atividades a serem realizadas em cada etapa do trabalho, desde a confecção do projeto inicial até o tratamento final dos relatos e seu uso na sala de aula. Esse cronograma deve ser pensado em conjunto com os cronogramas dos professores envolvidos no projeto de história oral e com os calendários das escolas, de forma que seja possível utilizar os resultados do projeto na sala de aula em tempo hábil e, além disso, fazer sua divulgação junto às comunidades interna e externa à escola.

10. **Usos do produto final:** uma parte fundamental do projeto é fixar as possibilidades de uso das entrevistas e de seus resultados. Vale propor uma exposição na escola, a criação de um *website* com os achados das entrevistas ou até a publicação de um livro. É isso que devem almejar os estudantes, já que a previsão dos efeitos positivos do trabalho constitui um ótimo estímulo para seu empenho, e a visualização do resultado final representa a valorização do conhecimento por ele produzido.

Sequência didática sobre a preparação de projeto de história oral (tempo aproximado: 2 horas)

- Divididos em pequenos grupos, os estudantes discutem e escolhem um tema que, preferencialmente, esteja ligado aos assuntos abordados em uma ou mais disciplinas.
- Então, os estudantes são orientados pelo professor a definir: objetivo do projeto, relação com a disciplina ou as disciplinas envolvidas no projeto, recursos necessários (gravador, pôsteres, computador, etc.), técnicas de entrevista a serem utilizadas, material necessário, cronograma e produto final.
- Cada grupo faz uma breve apresentação do projeto ao grupo/classe, recebendo as sugestões dos colegas e do professor. Por fim, o professor poderá pedir que cada grupo traga o projeto por escrito, na aula seguinte.

Motivar os alunos

Um dos elementos que impulsionam o interesse do aluno por um determinado assunto em sala de aula é a curiosidade. Esse desejo de saber é sempre estimulado quando o processo de ensino-aprendizagem se enraíza à realidade do aluno, quando este busca em sua própria vida uma ponte com os temas ensinados. Além disso, o uso de recursos didáticos diversificados nas aulas também aumenta a possibilidade de conseguirmos atenção para os temas e conteúdos curriculares que consideramos importantes.

> Ouvir histórias pode ser uma maneira de o aluno entrar em contato com a realidade vivida por ele e pelos outros; ao mesmo tempo, consiste em um recurso inovador de aprendizagem, bastante distinto das aulas expositivas, centradas no professor.

Para motivarmos os estudantes para a utilização da história oral, podemos começar sugerindo que ele entreviste pessoas conhecidas. A ênfase naquilo que é familiar pode suscitar o interesse por questões de maior amplitude, de abrangência coletiva.

A possibilidade de conhecer mais e melhor sua origem e seu grupo social, bem como os problemas que o afetam, é enriquecedora: estimula o estudante a buscar em sua própria vida as explicações para o mundo e para a realidade que o cerca. Até a apreensão de conhecimentos aparentemente abstratos – como os da Física e da Matemática – pode ser associada ao seu cotidiano e pensada por meio da experiência de pessoas que vivenciaram o aprendizado dessas áreas do saber.

Sequência didática sobre o que se pode aprender com as entrevistas (tempo aproximado: 2 horas)

- Os alunos lerão a história da dona Yoneko Seimaru, disponível no *website* do Museu da Pessoa[2] (o professor poderá também

---

[2] Entrevista com Yoneko Seimaru, publicada em 6 de setembro de 2011. Disponível em: <http://www.museudapessoa.net/_index.php/historia/5051-yuneko-seimaru?historia=integra>.

pedir que cada aluno escolha outra história do *site*). Não é necessária orientação prévia à leitura.

- Divididos em pequenos grupos, os estudantes escreverão em uma folha de papel quais são os temas abordados na entrevista.
- Em seguida, enumerarão os temas que se relacionam com as disciplinas que estudam.
- A próxima tarefa será escrever, em um ou dois parágrafos, como cada um dos temas elencados pode contribuir nas matérias de sala de aula.
- Por fim, o professor mediará um debate sobre as diferentes contribuições das entrevistas de história oral para a aprendizagem em diferentes disciplinas, a partir dos temas e das contribuições levantadas nos diferentes grupos.

Materiais necessários para um projeto de história oral

Diferentemente de uma pesquisa com história oral feita em uma universidade ou em um centro de pesquisa, a realidade da educação básica implica menos exigências – e isso é o que permite sua aplicação em toda e qualquer instituição, mesmo naquelas com pouco ou nenhum recurso. Mesmo assim, o professor deve ter em mente que há necessidades e despesas fundamentais, a começar pela premência de um gravador. No mais, muito se pode explorar a infraestrutura existente na própria escola.

De qualquer forma, o professor jamais deve desistir de levar adiante sua ideia por falta de equipamentos ou de outros materiais – essa não é uma boa justificativa! Logicamente, quanto maiores os recursos disponíveis, melhor poderá ser a qualidade dos produtos resultantes – mas sempre é possível trabalhar com o que se tem disponível, desde que se empregue a criatividade e a colaboração. Vejamos os materiais necessários para projetos de história oral e os modos de utilizá-los.

O imprescindível gravador

A tecnologia da gravação da voz revolucionou as possibilidades de registro da memória. Os aparelhos de gravação de som foram inventados no final do século XIX – mas somente em 1935 a fita magnética em rolo foi fabricada pela primeira vez, tendo sido popularizada pelo rádio durante a Segunda Guerra Mundial.

No final dos anos 1940, surgiram os primeiros trabalhos com história oral, que só foram possíveis devido às novas tecnologias de gravação. Elas eram inovadoras para a época, embora hoje pareçam primitivas diante de gravadores digitais compactos e de celulares que gravam voz. Porém, apesar do mérito de registrar com fidelidade (e até mesmo em alta fidelidade!) o que foi dito, exigem-se certos cuidados para o uso de gravadores em entrevistas. Eles podem intimidar os entrevistados ou até mesmo ser utilizados de maneira equivocada. Alguns problemas comuns em gravações são: registro de voz inaudível; perda do que foi gravado; solicitação do entrevistado para desligar o aparelho para que conte algo que não quer que seja registrado; timidez do narrador devido à presença do aparelho. Para evitar esses transtornos, é preciso que os alunos sejam preparados para as dificuldades que encontrarão, realizando testes no aparelho antes das entrevistas e checagens quando de sua finalização. Se bem utilizado, o gravador é um grande aliado do trabalho de registro de lembranças.

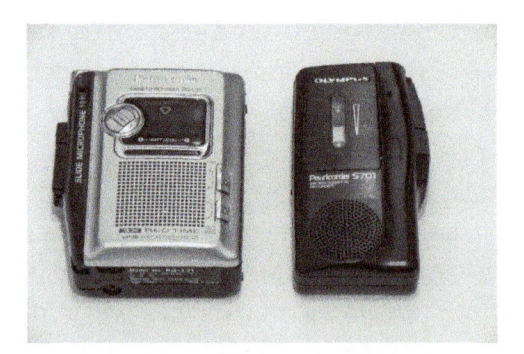

Figura 3 – Dois modelos de gravadores de voz analógicos, que utilizam fitas cassete: tecnologia já obsoleta.

Um gravador de pequeno porte evita o eventual desconforto por parte do depoente. Seu bom estado de conservação garante a qualidade da entrevista, minimizando a possibilidade de perda do relato. Uma dica importante é que, sempre que possível, não sejam utilizados os gravadores de celulares: seus microfones têm baixa qualidade de captação de áudio, e, normalmente, as memórias desses telefones têm pouco espaço para relatos maiores. No entanto, quando da ausência de outros recursos, essa pode ser uma opção viável, dada a popularização desses aparelhos entre os estudantes (nesse caso, é sempre importante verificar o tempo-limite de gravação de cada aparelho). Os alunos precisam ser orientados a fazer vários testes com o equipamento, gravando falas de seus colegas. E o cuidado com seu manejo é fundamental: se o aparelho for muito sofisticado, deve-se garantir que os alunos saberão ligá-lo e fazê-lo funcionar na hora certa.

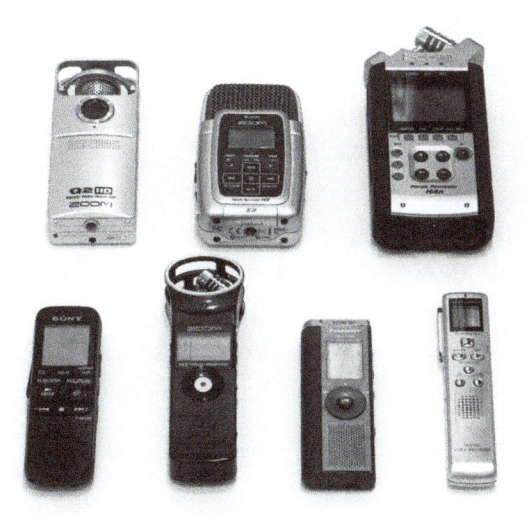

Figura 4 – São muitos os tipos de gravadores digitais disponíveis, alguns deles mais simples (fileira inferior) e outros com ferramentas sofisticadas para profissionais (fileira superior)

Além disso, os estudantes precisarão ser alertados sobre como abordar o entrevistado em relação à gravação: devem explicar claramente que o diálogo será registrado e, posteriormente, transcrito. Informações fornecidas com o equipamento desligado devem ser anotadas em um diário de campo (o caderno que irá acompanhar os pesquisadores ao longo do trabalho), logo após a entrevista. Se essas informações forem ditas em sigilo, o nome do entrevistado precisará ser preservado.

> Os cuidados técnicos no momento de gravação da entrevista são imprescindíveis. Sem eles, pouco adianta compreender todas as dimensões teóricas da história oral e dominar com destreza sua metodologia. Semanas e semanas de trabalho e dedicação podem ser desperdiçadas se uma gravação não for completada. E nem há como dizer que, caso ela dê errado, basta começar do zero: cada entrevista é única, insubstituível.

Quem trabalha com história oral profissionalmente costuma obedecer a uma série de recomendações para que a melhor qualidade possível de gravação seja conseguida. Quando possível, o trabalho em sala de aula também deve buscar atingir o nível mais alto, principalmente se há a intenção de utilizar as gravações em produtos midiáticos, como *podcasts* ou programas de rádio.

Se a escola ou os alunos possuem verba disponível para a compra de um gravador, vale prestar atenção a algumas dicas úteis. Nem sempre o gravador mais caro será o que melhor atenderá às necessidades de um projeto de história oral. Além disso, um grande investimento pode não valer a pena se o uso do equipamento não for constante – até porque a tecnologia tem ficado obsoleta cada vez mais rápido. Algumas sugestões:

- se possível, usar um gravador digital que utilize cartões de memória, em vez de memória interna. Com esses cartões de memória, as gravações podem ser rapidamente transferidas para o computador e com menor risco de perda do conteúdo.
- recomenda-se comprar um gravador que possua um indicador luminoso – uma luz que se acende quando ele está gravando. Assim, ficará mais fácil para o entrevistador perceber, com discrição, se tudo está funcionando bem;
- as gravações devem ser feitas, preferencialmente, em formato WAV, que é o formato descomprimido e com melhor qualidade de gravação. Não se recomenda gravar em MP3, pois esse formato perde em qualidade de dados;

- quase todos os gravadores possuem seu microfone embutido, mas caso o aparelho possua uma entrada de áudio, pode ser útil utilizar um microfone de lapela, que torna a voz do entrevistado mais clara e intensa, e que diminui sensivelmente os ruídos externos. Seja qual for o equipamento, a gravação será mais clara se o microfone estiver adequadamente posicionado.

Conheça seu equipamento!

Ainda mais importante que possuir o equipamento ideal é saber manejá-lo. O entrevistador deve conhecer ao máximo as limitações, potencialidades e necessidades de seu equipamento. Nesse aspecto, muitas vezes a relação entre quem ensina e quem aprende se inverte: é cada vez mais comum que o aluno tenha mais conhecimentos a respeito da tecnologia que o professor. Essa é uma questão positivamente desafiadora.

Se o gravador utiliza pilhas, elas devem ser novas e possuir carga cheia. Não se recomenda usar pilhas recarregáveis, que podem se esvaziar muito rapidamente. Se o gravador tiver um adaptador para ser ligado na tomada, poderá ser usado desde que haja uma tomada disponível na entrevista (e cuidado com a voltagem, para não queimar seu aparelho, caso ele seja de 110 volts, e a tomada, de 220 volts). É imprescindível que o entrevistador leve, sempre, pilhas e baterias extras.

Nunca utilize o recurso de "ativação por voz" de gravadores, que faz com que o equipamento deixe automaticamente de gravar quando há silêncios, retomando a gravação quando há som. Lembre-se que os silêncios e as pausas fazem parte da entrevista e, além disso, as primeiras palavras após o intervalo em silêncio podem ser cortadas.

Onde posicionar o microfone

- **Microfone de lapela:** Deve ser preso com um clipe à blusa do entrevistado, na altura do peito, apontando para sua boca. Deve-se tomar cuidado para o entrevistado não mexer no microfone durante a entrevista, pois ele pode facilmente se despregar da roupa.

- **Microfone embutido ao gravador:** O gravador deve ser posicionado a uma distância de até 40 cm do entrevistado, e preferencialmente não deve ficar em cima de superfícies como mesas, cadeiras ou sofás. Isso pode ser feito com o auxílio de um tripé de mesa, ou mesmo colocando o gravador no topo de uma pilha de livros, por exemplo.

Figura 5 – Gravador de voz montado em tripé de mesa, que aperfeiçoa substancialmente a qualidade e audibilidade do arquivo digital com a entrevista

Depois de gravar, o ideal é fazer cópias de segurança das gravações, em mais de um disco rígido, em um *pen drive* ou mesmo em um CD.

Alternativas de gravação

Está cada dia mais difícil encontrar gravadores analógicos (de fita cassete), que rapidamente foram substituídos pelos digitais. Porém, ainda há pessoas que os possuem. Eles podem ser usados, é claro, mas alguns cuidados devem ser tomados. O primeiro deles diz respeito a não reutilizar as fitas (que perdem qualidade a cada nova gravação). Também é importante ter, de qualquer forma, uma versão digital das gravações. Isso é relativamente fácil de ser feito: basta verificar se o gravador possui uma saída de áudio (a de fone de ouvido, por exemplo). Se sim, um cabo 3,5 mm x 3,5 mm (chamado também de P2/P2) deve ser plugado a partir dessa saída na entrada *line in* de um computador. Com isso, qualquer editor de áudio pode gravar o conteúdo da fita em um arquivo digital.

Mesmo que não se disponha de um gravador digital, é bastante provável que o professor e seus alunos possuam, cada um, pelo menos um equipamento que possibilite gravações: celulares, máquinas fotográficas, *MP3 players*, etc. Eles podem ser usados, mas sempre se atentando para as recomendações mencionadas anteriormente. Quanto aos digitais, é possível (ainda que não desejável) utilizar recursos de gravação de telefones celulares e de aparelhos MP3, desde que a entrevista seja curta. Porém, é sempre bom lembrar: se o objetivo é, por exemplo, criar um arquivo escolar, quem será responsável por centralizar todas as diferentes gravações, que podem aparecer em uma variedade de formatos e qualidades?

> Mesmo quando não há recursos para a aquisição de um gravador, o professor pode levar adiante um projeto de história oral. Os estudantes podem entrevistar pessoas da comunidade e anotar, da maneira mais completa que puderem, o que foi narrado. Eles também podem convidar um dos entrevistados para contar aos colegas a sua história, em um dia de aula ou na ocasião de apresentação do trabalho final.

E a gravação em vídeo?

A imagem é um adicional interessante no trabalho com história oral, mas merece maior dedicação, visto depender de tecnologia que vai além do simples gravador de voz. Se, por um lado, ganhamos com o registro dos gestos, do ambiente da entrevista, das expressões faciais e dos silêncios (tudo isso, afinal, faz parte da história que está sendo contada), por outro aparecem dificuldades adicionais, tais como o problema da transcrição. Representar gestos e expressões faciais em um texto é um trabalho que requer uma capacidade descritiva grande – trabalho para o qual, muitas vezes, o aluno não está preparado.

Os estudantes precisam estar cientes das dificuldades do uso da imagem na história oral e se preparar para o manejo da tecnologia a ser utilizada. Um exercício possível para a transcrição e a análise do material imagético pode ser um trabalho da disciplina de Língua Portuguesa ou Literatura (ver "Sequência didática sobre o trabalho com imagens no registro de memórias", p. 92) envolvendo aproximações das gravações a textos literários.

Para a análise, é primordial ensinar o aluno a observar regularidades e excepcionalidades entre as diferentes gravações, percebendo as especificidades da imagem em sincronia com a fala. Dessa forma, as semelhanças de postura entre os entrevistados, bem como o comportamento gestual e as manifestações das emoções, necessitarão ser detalhadamente descritas e analisadas.

Conforme os equipamentos digitais se popularizaram, a gravação em vídeo se tornou cada vez mais comum no campo da história oral – algumas pessoas, inclusive, têm sugerido o uso do termo "história videoral". Entretanto, a gravação em vídeo não pode se tornar obrigatória, até porque nem sempre é a melhor solução para o projeto. Primeiramente, porque o vídeo é mais intrusivo: o entrevistado pode ficar mais intimidado com uma câmera, ao passo que pode "esquecer" facilmente a presença de um gravador. Em segundo lugar, a gravação de imagens exige maior atenção técnica, não só com a câmera de vídeo, mas com outros elementos eventualmente necessários, como tripé de posicionamento, kit de iluminação, microfones de lapela, etc. O armazenamento das gravações também é mais difícil, pois arquivos de vídeo ocupam espaço maior em um disco rígido.

Assim como ocorre com o gravador, devem-se conhecer todos os recursos do equipamento utilizado, e é imprescindível que haja uma segunda pessoa operando a câmera, já que é difícil entrevistar e atentar ao seu funcionamento simultaneamente, especialmente devido à necessidade de manter o foco e o enquadramento.

Esta, aliás, é uma preocupação: o que e como focalizar? O responsável pela gravação deve atentar a isso, posicionando a câmera e utilizando os recursos de focalização e *zoom* conforme os três planos de gravação de vídeo estabelecidos:

- **Plano geral:** mostra o corpo todo da pessoa e o cenário atrás dela, permitindo visualizar o ambiente no qual ela está inserida. Oferece destaque ao ambiente.
- **Plano americano:** mostra as pessoas da cabeça até as coxas, um pouco acima dos joelhos. Permite também uma visualização dos gestos, das mãos. Por isso, é provavelmente o mais comum em entrevistas de documentários.

- **Primeiro plano:** é o que mais aproxima a imagem do entrevistado, mostrando apenas sua cabeça, até a parte das axilas. É muito usado no cinema, para privilegiar as emoções através da expressão facial.

Figura 6 – Enquadramento na gravação em vídeo: plano geral, plano americano e primeiro plano, também chamados respectivamente de plano aberto, plano médio e plano fechado

Sequência didática sobre o trabalho
com imagens no registro de memórias
(tempo aproximado: varia de acordo com a necessidade do professor)

- Esta sequência é proposta para aulas de Literatura e/ou Língua Portuguesa, mas pode ser adaptada para textos de qualquer disciplina.
- O professor seleciona textos literários que descrevam espaços, gestos e emoções. A ideia principal da atividade é que os alunos aprendam, observando o trabalho de escritores, a traduzir em textos o que veem em imagens.
- Os alunos são então convidados a analisar os recursos de redação utilizados pelos autores na descrição de imagens, emoções e gestualidade.

- Em seguida, propõe-se que o aluno reproduza, em um texto autoral, uma imagem ou cena a ser selecionada pelo professor (podendo ser o trecho de um vídeo, filme ou programa de televisão), incluindo o espaço físico e a gestualidade dos personagens.

Do que mais se precisa em uma entrevista?

Além do gravador, recomenda-se que o aluno leve papel e caneta para fazer anotações durante a entrevista, tais como: nome do entrevistado, forma de contato, horário da entrevista, observações, etc.

O processo de transcrição do relato exigirá um computador, em qualquer estado, desde que contenha um editor de texto com o qual o estudante possa transpor a fala para sua forma escrita. Impressora e suprimentos de impressão (cartuchos ou *toners*) serão necessários se forem utilizadas cópias impressas do material.

Caso não se faça um trabalho de arquivamento e difusão das entrevistas coletadas, o material necessário pode acabar por aí. Se se optar por algum tipo de exibição das entrevistas e de seus resultados, o tipo de material variará conforme cada proposta (ver adiante as possibilidades de uso das entrevistas).

Como envolver a comunidade e conseguir apoio para um projeto de história oral

Não é raro que um projeto de história oral seja interrompido por falta de apoio para sua realização. É verdade que é perfeitamente possível levar adiante um trabalho sem depender de nada além do que se tem em casa. Embora muita coisa possa ser adaptada e o único material realmente imprescindível seja um gravador, é possível ir além.

Os alunos podem buscar apoio para a realização dos projetos, seja de pessoas, seja de entidades da comunidade dispostas a colaborar e a oferecer doações, não necessariamente monetárias, principalmente se tiverem interesse no tema tratado ou se quiserem ajudar a escola.

E como fazer isso? Os alunos têm de lançar mão de dois recursos pessoais: confiança e convencimento. O sucesso de um projeto de história oral está intimamente ligado à confiança estabelecida entre as partes ao longo de todo o processo. Ao mesmo tempo, a capacidade de convencimento é fundamental. Se a comunidade local entender a importância de um projeto, poderá ajudar – mesmo que limitada por suas possibilidades. Os alunos podem tentar entusiasmar as pessoas, indo atrás da comunidade, de pessoas conhecidas, de comerciantes locais, de instituições. Essas instituições podem ser procuradas diretamente, ou os alunos podem divulgar sua busca por apoio através de uma nota no jornal do bairro.

> **MEMÓRIA DO BAIRRO DE PIMENTAS**
>
> Os estudantes do **Nosso Colégio** estão realizando um projeto de história oral para registrar a memória dos moradores do bairro de Pimentas. Colabore!
> Precisamos de pacotes de papel para impressão, cotas para fotocópias, cartolinas e canetas para a confecção da exposição – e até mesmo de voluntários para transcrever e editar as entrevistas. Nossa intenção é criar um arquivo e uma exposição em torno da história de nossa comunidade. Qualquer tipo de contribuição será bem vinda.
> Para participar, entre em contato conosco pelo e-mail **historiaoral@nossocolegio.com**

O que se ganha com isso? Bem, uma papelaria próxima à escola poderá oferecer papel ou encadernações para livretos; uma loja de informática poderá doar CDs e DVDs para gravação das cópias das entrevistas; uma *Lan house* próxima à escola poderá permitir que os estudantes usem seus computadores durante certo tempo por semana para dar conta das necessidades do projeto; um vizinho pode emprestar gravadores e outros equipamentos; um professor aposentado pode revisar as transcrições da entrevista. Qualquer contribuição, por mínima que seja, deve ser aceita e integrada ao projeto, já que represente a confiança da comunidade naquele projeto.

Por outro lado, os alunos devem ser claros em relação às expectativas geradas nos possíveis apoiadores do projeto. Que tipo de contrapartida eles receberão? Uma bonita carta do professor agradecendo pelo apoio oferecido? Uma menção nos resultados do projeto?

Exercícios de sensibilização para a prática de entrevistas

Antes de se lançar à pesquisa de campo, é importante que o aluno tenha algum tipo de contato com entrevistas, com memórias, com histórias orais. Ele precisa conhecer uma experiência interessante – seja lendo um livro de entrevistas, na íntegra ou em partes; seja ouvindo a leitura dramatizada de um relato feita pelo professor; seja assistindo a um documentário com entrevistas ou a um filme ficcional que as tematize; seja, ainda, tendo contato com uma autobiografia ou um livro de memórias.

É importante que os estudantes se envolvam em atividades que "quebrem o gelo", que estimulem sua sensibilidade pela vida do outro e que lhes ofereçam maior traquejo e repertório no momento de fazer as perguntas. Ir a uma entrevista, especialmente sozinho, não deve ser o início – mas a coroação de um processo. Cabe ao professor oferecer condições para que isso ocorra.

Sugerimos que, antes mesmo da transmissão de instruções através de aulas ou oficinas de preparação técnica e metodológica (que dependerão do nível escolar e da profundidade do projeto), sejam realizadas algumas atividades de sensibilização com história oral, memórias e histórias de vida, exemplificadas a seguir.

Exercício 1 – Autobiografia

Um exercício interessante a ser feito com os alunos consiste em solicitar que eles escrevam sua própria autobiografia. Inicialmente podem ser apresentadas aos alunos algumas discussões sobre o conceito de autobiografia. Quais são os significados e os desafios de escrever sobre si mesmo?

> O discurso autobiográfico tende a promover uma ilusão de simplicidade no que se refere ao eu e à experiência própria. Nós já sabemos – sem precisarmos parar para pensar – como

brincar dentro do jogo autobiográfico se precisássemos fazê-lo. Nós diríamos: "Eu nasci... Eu fiz isso e aquilo... Eu senti isso... e agora eu escrevo esses fatos da minha história". O uso da primeira pessoa – o "eu", chave da autobiografia – vai bem com a sensação que temos de controle completo do conhecimento sobre nós mesmos e nossas histórias; essa primeira pessoa não apenas diminui a distância entre quem fomos no passado e quem somos hoje, mas também tende a fazer com que nossa autopercepção no presente pareça mais unificada e organizada do que poderia ser. Mas quem é esse "eu" que fala, nas narrações de si mesmo? E quem é o "eu" sobre o qual se fala? Será que as respostas para essas perguntas são óbvias?

(EAKIN, Paul John. *How Our Lives Become Stories: Making Selves*. New York: Cornell University Press, 1999. p. IX. [Tradução nossa]).

Na qualidade de autora de uma autobiografia baseada em minha memória, e para cuja elaboração tomei o maior cuidado em contar a verdade, a mais precisa, pude perceber que a linha divisória entre história e ficção pode ser muito tênue em se tratando de relatos pessoais, mas ela existe. O que corrobora na construção dessa linha é o contrato entre autor e leitor, em particular, a expectativa deste se voltada a fatos ou à ficção. Um historiador que relata um fato não verdadeiro mente, ao passo que um romancista que faz a mesma coisa está apenas tecendo sua estória.

(KLÜGER, Ruth. Verdade, mentira e ficção em autobiografias e romances autobiográficos. Tradução de Luciana Carvalho Fonseca Corrêa Pinto. In: GALLE, Helmut *et al.* (Org.). *Em primeira pessoa: Abordagens de uma teoria da autobiografia*. São Paulo: Annablume, 2009. p. 21).

Hoje, sei que transformar sua vida em narrativa é simplesmente viver. Somos homens narrativas.

(LEJEUNE, Philippe, O pacto autobiográfico, 25 anos depois. Tradução de Jovita Maria Gerheim Noronha e Maria Inês Coimbra Guedes. In: *O pacto autobiográfico: de Rousseau à internet*. Belo Horizonte: Ed. UFMG, 2008. p. 74).

Em seguida, os estudantes serão orientados para, durante a aula ou em casa, escreverem sua autobiografia – sem um número preestabelecido de páginas. Trata-se de uma tarefa claramente (e propositalmente) impossível, dadas as restrições de tempo às quais eles estão submetidos, especialmente considerando-se que esse é um tipo de tarefa que, em um primeiro momento, causa timidez e desconforto. O objetivo do exercício, porém, é exatamente esse: encaminhá-los para a percepção de que, sempre que alguém decide contar sua própria história, está operando com escolhas, seleções, cortes, e sendo influenciado pelas condições que os circundam (as condições de produção do relato). Os alunos irão notar que, para contar suas próprias histórias, devem escolher inícios, fins, episódios marcantes; lidar com limites de espaço e tempo; superar bloqueios ou deles se esquivar.

Um segundo caminho de aproveitamento é fazer com que os alunos troquem suas autobiografias, para que um leia a história do outro. Depois disso, eles poderão ser estimulados a pensar:

- Este texto reflete o colega que já conheço?
- Ele me permite conhecê-lo melhor, e em que aspectos?
- Que perguntas eu poderia fazer para maximizar meu conhecimento do outro?
- E em que a minha própria autobiografia poderia melhorar, levando em conta o que aprendi com o outro?

Sugestão de filme:

Crônicas de uma certa Nova York. Direção: Stanley Tucci. 2000, 104 min, cor.

O filme conta a história de Joe Gould, um homem boêmio que viveu entre 1889 e 1957 e dizia ter como principal objetivo de sua vida escrever em dezenas de volumes e nove milhões de palavras o livro mais longo já escrito, intitulado *Uma história oral de nosso tempo*. Gould pretendia registrar, nessa obra, cada uma das palavras das conversas que vinha tendo com os moradores de Manhattan, área de Nova York, nas décadas de 1940 e 1950. Em meio a sua saga, Gould conheceu o jornalista Joseph Mitchell, que se interessou por sua história e o entrevistou longamente, escrevendo dois perfis biográficos do excêntrico personagem para a revista *The New Yorker*, em 1942 e em 1964, posteriormente publicados no livro que inspirou o filme (*O Segredo de Joe Gould*. São Paulo: Companhia das Letras, 2003). Além de retratar a trajetória de alguém que tinha como meta criar uma história oral tão abrangente, o filme documenta sua relação com alguém que se interessou por sua vida.

Exercício 2 – Entrevista coletiva (com mais de um entrevistador)

A entrevista em história oral não costuma ser coletiva, já que pressupõe certa intimidade, o "olho no olho", a entrega, o momento particular. Entretanto, determinados alunos podem encontrar dificuldades para passar diretamente ao estágio da entrevista individual, não sabendo como reagir e o que esperar dela.

Uma das dinâmicas que pode preceder o trabalho individual é a entrevista coletiva. O professor pode levar um convidado à sala de aula, avisando antecipadamente aos alunos, a fim de que eles se preparem. Alguns podem ser eleitos para fazer as primeiras perguntas nessa experiência.

O ideal é que o convidado seja uma pessoa a respeito da qual os alunos possuam algumas informações prévias, como um funcionário da escola ou uma pessoa conhecida no bairro, para que haja uma base para a elaboração das perguntas.

A classe pode ser disposta em círculo, para que entrevistado e entrevistadores possam se ver. Um ou dois alunos devem ficar encarregados da parte técnica: a gravação da entrevista. Um terceiro poderá ficar encarregado de apresentar o projeto de história oral na sala de aula ao entrevistado. O professor fará as primeiras apresentações e abrirá espaço para as questões.

Uma boa tática para garantir que se façam perguntas consiste em dividir a classe em grupos. Cada um desses grupos deverá levantar questões sobre uma parte da vida do entrevistado: infância, adolescência, vida escolar, casamento, trabalho, etc.

Antes do encontro, recomenda-se que a classe prepare uma carta de agradecimento a ser entregue ao entrevistado, de modo que os alunos se acostumem com a relação cordial que deverão manter com os depoentes.

A entrevista pode ser gravada e, em uma segunda aula, os alunos poderão ser convidados a debater sobre aquela experiência:

- O que poderia ter sido perguntado e não foi?
- Quais foram os problemas da entrevista?
- Como seria possível ter ido mais fundo em um ou outro assunto?
- Quais oportunidades de perguntas foram perdidas?
- Como os alunos agiriam se entrevistassem aquele narrador individualmente?

Exercício 3 – Entrevistando os avós

Uma tarefa que pode destravar o aluno iniciante é pensar em um tema a respeito do qual possa conversar com os pais ou avós. Não se trata de uma entrevista de história de vida – mas de uma exploração temática que facilitará a comunicação e a capacidade de perguntar e ouvir.

A entrevista não será gravada, para os alunos poderem exercitar habilidades de atenção e redação, já que, após a conversa, deverão preparar um texto com a descrição das perguntas feitas e as respostas recebidas. Sugere-se que os alunos abordem, junto aos avós, um dos seguintes temas:

- as brincadeiras que eles faziam na infância, a relação com os amigos de vizinhança e a percepção sobre a modificação desses costumes no tempo;
- um fato memorável, de repercussão pública, sobre o qual tenham lembranças: a morte de uma pessoa pública, um desastre natural, a premiação de um brasileiro, uma conquista esportiva importante;

- a história de seus antepassados (geralmente pouco conhecida pelos estudantes) e das relações familiares, quando de sua infância ou adolescência.

Exercício 4 – Entrevistando os colegas

Outro bom exercício consiste em preparar os estudantes para a elaboração de roteiros de perguntas que estejam de acordo com os objetivos propostos em um projeto de história oral.

Sugere-se que a classe seja dividida em grupos pequenos. Em seguida, cada grupo escolherá um tema para as entrevistas (que, preferencialmente, seja familiar entre os colegas. Exemplo: "a procedência geográfica dos pais e avós"). Depois, os grupos definirão os objetivos das entrevistas, isto é, qual contribuição elas terão para o aprendizado na escola. Após a escolha dos temas, os grupos escolherão quatro perguntas a serem feitas ao entrevistado.

O grupo elegerá um de seus membros para ser entrevistado pelos outros grupos. Os membros restantes iniciarão a entrevista, que poderá ser gravada em gravador ou celular (deve-se evitar que as entrevistas sejam transcritas diretamente da fala, mas se a escola tiver problemas com disponibilidade de recursos, essa possibilidade pode ser considerada).

Finalizadas as entrevistas, os grupos novamente se reunirão para discutir o conteúdo das entrevistas, avaliando se elas os ajudaram a chegar aos objetivos propostos ou não, se poderiam ter feito as perguntas de outra forma ou se faltaram questões predefinidas. Os alunos entrevistados também poderão se manifestar sobre como se sentiriam naquele papel.

Finalmente, o professor proporá aos grupos que façam uma avaliação geral das dificuldades encontradas nas entrevistas, apontando possíveis soluções para as próximas etapas.

Exercício 5 – Abordando temas polêmicos ou dolorosos

Uma das dificuldades em se entrevistar consiste em saber a melhor forma de abordar certos temas difíceis. Isso poderá ser discutido com os alunos, buscando-se as melhores formas de tratar de questões polêmicas ou dolorosas em uma entrevista.

Este exercício visa preparar os alunos para que não induzam as respostas dos depoentes e saibam levantar questões delicadas. (Tempo aproximado: 50 min).

No primeiro dia, a classe poderá ser dividida em grupos pequenos. Cada grupo escolherá um tema polêmico ou doloroso (por exemplo, "tortura durante a Ditadura Militar" ou "doenças na família").

O grupo então escolhe um entrevistado conhecido (que seja de fora da escola), como um parente ou vizinho. A entrevista será realizada fora da sala de aula, devendo ser gravada e transcrita até a aula da semana seguinte.

Após a escolha dos temas e do entrevistado, os grupos elegerão um conjunto de seis perguntas, cabendo refletir sobre as dificuldades no tratamento do assunto e sobre a melhor forma de perguntar.

No decorrer da semana, o professor poderá orientar os estudantes sobre como fazer as entrevistas.

Na semana seguinte, os alunos se reunirão para discutir os resultados das entrevistas, o conteúdo do que foi dito e as dificuldades encontradas para a abordagem dos temas. Uma tarefa interessante será buscar outras maneiras de perguntar uma mesma coisa, até que se encontre uma forma mais adequada de chegar a um tema difícil.

Após esse processo, os grupos poderão expor, para todos, as dificuldades e soluções encontradas em suas entrevistas, e o professor fará uma avaliação geral dos contratempos encontrados, propondo possíveis soluções para futuras entrevistas.

Exercício 6 – Abordando uma diversidade de temas em uma mesma entrevista

Este exercício poderá ajudar cada aluno, ou grupo de alunos, a lidar com a abordagem de diferentes temas da vida dos entrevistados (o tempo aproximado desta atividade variará de acordo com o tema escolhido e o estilo narrativo do entrevistado, entretanto, propõe-se que as entrevistas sejam curtas e pontuais).

Sugere-se que a classe seja dividida em grupos pequenos. Em seguida, que cada grupo eleja um de seus membros para ser entrevistado pelos outros grupos. O professor orientará os grupos a elaborarem um roteiro de entrevistas (não um roteiro de perguntas), explicando que as perguntas poderão ser feitas de diversas maneiras, desde que o tema seja abordado de forma confortável pelo entrevistado.

A seguir, um colega de outro grupo será escolhido, a quem serão dirigidas perguntas baseadas no roteiro de entrevistas (o exercício poderá ser repetido fora de sala de aula, com amigos e familiares).

Sugestão de roteiro de entrevista:

- falar sobre um momento importante da vida do entrevistado;
- falar sobre uma lembrança triste;
- falar sobre uma boa lembrança;
- falar sobre uma música especial (que remeta a alguma lembrança);
- falar sobre um bom amigo;
- falar sobre uma dificuldade;
- falar sobre os pais;
- falar sobre um passeio marcante;
- falar sobre um evento histórico que marcou sua vida.

Após cada entrevista, os alunos poderão discutir com os grupos e com o professor suas impressões sobre os relatos: o tipo de linguagem utilizada durante a conversa; os silêncios; as razões para o entrevistado ter falado de determinado assunto e não de outro; as ênfases dadas pelo entrevistado a certos aspectos de sua vida, a interação estabelecida entre depoentes e entrevistadores.

As reflexões produzidas neste exercício devem contribuir para uma melhor relação do aluno com os entrevistados e também para o aprendizado de análise, ou seja, do que dizem as entrevistas e do que se pode aprender com elas.

Exercício 7 – Dando continuidade às entrevistas

Uma habilidade importante do entrevistador é saber dar continuidade à conversa sem ficar preso a um roteiro, aproveitando as falas do próprio entrevistado, sem deixar de lado os objetivos da entrevista. Este exercício propõe trabalhar com essa habilidade (tempo aproximado: 30 minutos).

Esta atividade será desenvolvida em trios. Um dos alunos será o entrevistado, e os dois outros serão os entrevistadores. Cada um fará uma única pergunta, previamente elaborada.

As perguntas seguintes se remeterão a assuntos abordados pelo entrevistado nas respostas anteriores, sem elaboração prévia. Com isso, os entrevistadores serão levados a encontrar maneiras de dar continuidade à conversa, sem mudar de assunto, exercitando a atenção e aproveitando a curiosidade natural. Dessa forma, encorajarão uma narrativa fluida, em vez de aproveitar a primeira oportunidade para "pescar" a próxima pergunta que já estava anotada no roteiro.

Após o exercício, os alunos e o professor discutirão coletivamente a experiência, buscando perceber quais são as estratégias mais frutíferas para dar prosseguimento a uma conversa.

Exercício 8 – Pensando sobre a melhor forma de perguntar

Trata-se de uma variação do exercício anterior. Os alunos lerão o início da entrevista a seguir, com o fotógrafo Marco Aurélio Olímpio. A tarefa consiste em criar o maior número possível de perguntas a partir daquele trecho. O professor poderá estimular algumas reflexões: quantas e quais perguntas vocês fariam ao fotógrafo, se tivessem apenas essas informações e se não possuíssem um roteiro prévio? Quais perguntas podem derivar desse pequeno trecho?

O ideal é que essa seja uma tarefa individual. Em seguida, cada aluno dirá suas perguntas em voz alta. Com a ajuda de um ou dois deles, o professor registrará as perguntas dos alunos no quadro, para que todos visualizem as possibilidades levantadas. Como muitas perguntas devem se repetir, uma discussão sobre as melhores estratégias para a formulação de certa pergunta é uma ótima forma de concluir a atividade.

O trecho a seguir é o início da entrevista feita por Ricardo Santhiago com o fotógrafo Marco Aurélio Olímpio, em 2002. Naquele momento, Marco Aurélio já tinha uma carreira consolidada como fotógrafo especializado em tirar fotografias de artistas e espetáculos musicais. Uma parte desse trabalho fotográfico foi reunida mais tarde pelo entrevistado no livro Álbum: imagens musicais (São Paulo: Edições SESC-SP, 2009).

Como você chegou à fotografia?

Cheguei à fotografia a partir de fotos de viagem, com quase 30 anos de idade. Fui viajar, peguei uma câmera de porte amador, mas já profissional, e tirei umas fotos. Achei bacana e quis fazer um curso pra entender melhor o equipamento. Fiz um curso no SESC Pompeia e desse curso me contrataram para trabalhar lá como laboratorista. Fui me aprimorando, mas sempre com a ideia de trabalhar em laboratório, que eu adoro. Nunca queria ser um fotógrafo. Só que eu gosto muito de música, e no SESC Pompeia tem aquele baluarte que é o Teatro, a Choperia, com shows de alta grandeza. Aí eu resolvi dar umas clicadas lá. Quando acabava o expediente, às dez horas da noite, eu pegava a câmera, corria pro Teatro, pra Choperia, e dava uns cliques. Assim fui começando, e quando dei conta, já estava envolvido totalmente. Mas foi um processo extremamente lento, nada pretensioso. Veio naturalmente.

E o que você fazia antes?

Antes eu trabalhava burocraticamente como chefe de departamento pessoal. Quase igual, né? [risos]

Você começou a fotografar artistas porque já estava próximo ou porque você gosta de música?

Por causa da música. Talvez seja o sonho frustrado de ser músico [risos]. E até mesmo pela formação. Não sei tocar nada, mas sempre gostei muito de música. Não tem quem não goste, mas existe a intensidade na vida das pessoas, e pra mim ela sempre foi uma companheira. As canções de ninar surtiram efeito, sabe? [risos] Fizeram com que eu gostasse mais, buscasse, compreendesse. Eu coleciono discos, pesquiso. Passa a ter uma outra importância na vida pessoal, como instrumento de pesquisa, como um elemento que te completa. Quando eu passei isso para a fotografia, começou a ter um elo de verdade. Eu fotografo quem eu conheço, escuto, tenho referências visuais. O artista que está no palco eu já vi em inúmeras capas de discos, já tenho uma imagem daquele artista, e tento traduzir dentro do meu ponto de vista como eu o vejo, como ele sempre se mostrou a mim de alguma forma.

> **Há quanto tempo você fotografa artistas?**
>
> Onze anos. E 95% do meu trabalho fotográfico são fotos de espetáculos. Em preto e branco, a grande maioria.

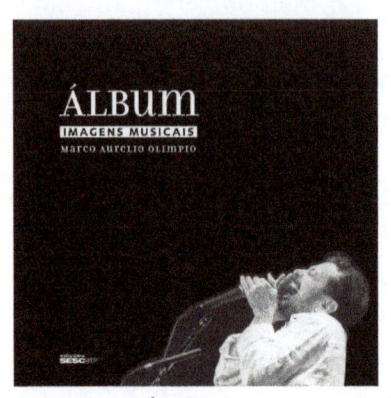

Figura 7 – Capa do livro *Álbum: imagens musicais*, do fotógrafo Marco Aurélio Olímpio (organização de Simonetta Persichetti e Thales Trigo. Edições Sesc São Paulo, 2009)

Figura 8 – Fotografia do músico pernambucano Antonio Nóbrega, de autoria de Marco Aurélio Olímpio.

> **Sugestão de filme:**
> *Histórias cruzadas.* Direção: Tate Taylor. 2011, 137 min, cor.
> O premiado filme se baseia no romance de Kathryn Stockett, contando a história das empregadas domésticas negras na primeira metade dos anos 1960, no Mississippi, Estados Unidos. Nesse estado norte-americano, reputado por ter uma das mais fortes políticas segregacionistas do país, a jovem e branca Eugenia Pheelen decide escrever um livro de entrevistas nas quais as mulheres negras que trabalhavam nas casas de sua região contariam suas histórias e relatariam suas experiências de sofrimento e discriminação. Para realizar seu projeto, Pheelen – que foi criada por uma empregada negra – se depara com inúmeras dificuldades, a principal delas consistindo na resistência de muitas das mulheres em contar suas histórias, uma vez que manifestações em favor da igualdade racial eram proibidas na região. Todo o enredo oferece inúmeras questões interessantes para discussão, tais como: a reação das narradoras às suas representações escritas; a recepção pública a entrevistas; e a sensibilidade necessária quando da condução de entrevistas.

Antes da entrevista

"Entrevista", em história oral, é um nome que inclui um processo mais amplo do que a gravação do diálogo. Costumamos dividir esse processo em três etapas:

a) a pré-entrevista (que consiste no trabalho de pesquisa prévia, preparação do equipamento e do local, contato prévio com os entrevistados, além da negociação dos termos de uso do relato);

b) a entrevista (que é a gravação propriamente dita das memórias do narrador, em uma situação de diálogo); e

c) a pós-entrevista (que consiste na transcrição e no armazenamento do relato).

A experiência com essas três fases em sala de aula merece alguns cuidados. Como já dissemos, um dos mais importantes se refere à orientação dos alunos para o uso do equipamento e a sua postura na hora da entrevista.

Todo trabalho de entrevistar necessita de um planejamento e de um processo de preparação. A entrevista não começa no momento da gravação, mas muito antes: com o projeto, com a elaboração dos temas a serem abordados, com a preparação de um roteiro e com o contato com o entrevistado. Em sala de aula, será necessário orientar os alunos quanto aos objetivos do trabalho, a fim de nortear as perguntas que eles farão aos seus entrevistados.

A pesquisa prévia a respeito dos temas que serão tratados é fundamental. Os alunos precisarão ter sido orientados para descobrir o que está disponível a respeito do assunto. Vale fazer uma pesquisa em fontes tais como material escrito, gráfico e de outras mídias, principalmente na internet (desde que os estudantes sejam alertados em relação às fontes confiáveis e não confiáveis). O quanto os alunos vão se preparar para a entrevista vai depender da duração do projeto, de sua relação com os outros conteúdos da disciplina, do tempo disponível, do seu envolvimento afetivo com o projeto. Quando os alunos não tiverem condições de coletar o material todo, o professor poderá abastecê-los com novas informações, principalmente em escolas que não dispuserem de muitos recursos informacionais.

Outra preocupação importante é a seleção das estratégias de abordagem dos narradores. Os estudantes poderão ter a tarefa de eleger as características que definirão seus contatos, evitando formar uma rede excessivamente ampla ou restrita, e lembrando que não são somente as pessoas proeminentes que devem ser entrevistadas, mas também as pessoas comuns. Por exemplo, caso se trate de um projeto sobre a história do bairro, um critério de escolha pode ser a faixa etária.

Quando se discute, junto aos alunos, quem serão os entrevistados do projeto, é possível que eles tenham suas sugestões. Alguns deles dirão certos nomes, apostando que eles serão entrevistados "interessantes". Interessante mesmo será explorar o porquê de eles levantarem esses nomes: por que é que eles creem que uma determinada pessoa poderá dar uma boa entrevista? O que isso revela a respeito do que eles já sabem sobre o assunto? Qual é o sentido de "interessante" em um projeto de história oral?

O contato com entrevistados em potencial é dos mais importantes. A relação entrevistador-entrevistado se inicia ali, e existem várias estratégias que podem ser seguidas, dependendo do projeto. O professor ou os alunos podem ter em mente quem vai ser entrevistado; mas talvez precisem pedir indicações ou até mesmo colocar um anúncio em um jornal do bairro.

Quanto aos contatos, eles podem ser feitos de várias maneiras: por telefone, pessoalmente ou por *e-mail*. O aluno poderá utilizar uma carta-convite, que oficializará e dignificará o projeto diante do entrevistado. Essa carta-convite pode ser assinada pelo próprio aluno, mas o ideal é que seja firmada pelo professor e, de preferência, seja impressa no papel timbrado da escola, para o entrevistado se assegurar de que aquele é efetivamente um projeto vinculado à instituição.

Modelo de carta-convite para a entrevista

(cidade), (dia) de (mês) de (ano).

Prezado(a) Sr(a). _____,
O Nosso Colégio está desenvolvendo um projeto de história oral e memória sobre _____. Nossa intenção é coletar entrevistas com_____, a respeito de_____, a fim de que nossos alunos e nossa comunidade possam ampliar seus conhecimentos acerca de _____.

Gostaríamos de convidá-lo(a) a fazer parte desse projeto, concedendo uma entrevista de história oral a um de nossos alunos. As entrevistas são gravadas e têm a duração estimada de uma hora e meia, podendo ser realizadas no local que for mais conveniente para o(a) senhor(a). Após a entrevista, solicitaremos ao(à) senhor(a) a assinatura de um termo de cessão, para que ela possa ser usada em nosso projeto escolar.

> Um(a) de nossos(as) alunos(as), chamado(a) _____, entrará em contato com o(a) senhor(a) brevemente, por telefone, para consultar sua disponibilidade, esclarecer quaisquer dúvidas que tenha e, quem sabe, agendar uma sessão de entrevista. Temos certeza de que seu largo conhecimento sobre _____ irá contribuir para a realização de nossos objetivos. Por isso, gostaríamos muito que considerasse nosso convite. Caso o aceite, nosso(a) aluno(a) irá marcar um horário para gravar essa entrevista e, eventualmente, solicitar algum material adicional que possa nos ajudar na elaboração da entrevista ou na execução do projeto.
>
> Nesse meio tempo, fico à disposição para quaisquer esclarecimentos e, em nome do Nosso Colégio, agradeço desde já sua colaboração.
>
> Cordialmente,
> Professor(a)
> Nosso Colégio

Quando do contato com o entrevistado, é preciso explicar por que ele foi procurado, qual é sua importância dentro do trabalho, com que se espera que ele contribua, quais serão os resultados do projeto. O aluno deverá estar preparado para negociar os termos de uso da história com seu depoente, alertando-o sobre o destino final do material. Nunca se deve esconder nada, em momento algum, se o que se quer é uma relação de abertura e franqueza.

Após a aceitação da concessão da entrevista, é importante decidir quando e onde ela será realizada. O local deve ser o mais conveniente possível para o entrevistado, mas outros elementos também devem ser levados em conta. Trata-se de um lugar silencioso? Às vezes, a própria escola não é silenciosa o suficiente para uma entrevista; então, outros locais devem ser considerados para a gravação, tais como uma residência ou mesmo um restaurante ou café, fora do horário de maior movimento.

Em alguns casos, é recomendável pedir que o entrevistado leve, no dia da entrevista, algum elemento material ligado a sua memória:

recordações pessoais, fotografias, objetos pessoais. Isso poderá dinamizar a entrevista, funcionando como estímulo para a narração, além de ser um material passível de ser copiado/fotografado para uso nos produtos finais do projeto.

> **Cuidados necessários para com os materiais doados ou emprestados pelos entrevistados**
>
> Quando um entrevistado oferece algo mais além de sua entrevista, há um incremento na qualidade das fontes e das informações. Eles podem doar ou emprestar vários itens: gravações de áudio ou vídeo, fotografias ou documentos escritos, objetos e outros itens.
>
> Ao aceitarmos esse material, devemos ter o cuidado de recolher também os dados referentes a ele. No caso de documentação escrita, o material pode ser autoexplicativo, isto é, um jornal, por exemplo, contém as referências de quando e onde foi publicado. Em outros casos, porém, isso não acontece, e será necessário registrar o máximo de detalhes possível. Quando recebemos uma fotografia, por exemplo, devemos anotar:
>
> - dados do doador da imagem;
> - nome (se possível completo) de todas as pessoas fotografadas, identificadas na seguinte ordem: começando da parte superior esquerda para a direita, e depois de cima para baixo. Em alguns casos, pode ser útil criar um esboço numerado da fotografia. Embora isso possa parecer maçante (especialmente porque se faz junto com o entrevistado), é muito importante para garantir a possibilidade de uso correto da imagem. Ao mesmo tempo, esse trabalho de entrevistador e entrevistado junto à foto pode muitas vezes render narrações interessantes;
> - local e data (ainda que aproximada) da fotografia;
> - nome de quem tirou a foto (se houver identificação);
> - contato das pessoas fotografadas (é fundamental, caso se pense em criar uma publicação com essas fotos, possuir autorização dos retratados).

É imperativo orientar os estudantes quanto aos cuidados na linguagem e no tom em relação a todo e qualquer entrevistado, que deve ser o mais cortês possível. Gírias e palavras chulas devem ser evitadas. Algumas consequências da ausência de preparo dos estudantes pode ser uma má interpretação de sua abordagem inicial, acarretando a negativa da concessão da entrevista.

Os alunos poderão preparar um roteiro de temas a serem abordados. O ideal é que se trate, efetivamente, de uma lista de assuntos, e não de perguntas já formuladas (que poderiam convidar o estudante a simplesmente lê-las durante a entrevista). Os temas devem ser abertos e escapar a perguntas fechadas, como as de um questionário. As perguntas fechadas muitas vezes deixam o entrevistado desconfortável ou fazem com que o assunto seja encerrado rapidamente, apenas com "sim" ou "não".

Já as perguntas abertas abrem espaço para uma reposta mais ampla e para uma narração que mobilize a memória de uma maneira criativa. Então, em vez de perguntar: "Sua infância foi feliz?", diga: "Me conte sobre sua infância...". Em vez de perguntar: "Você chegou ao Brasil num navio?", diga: "Como foi sua viagem para o Brasil?". A partir daí, mergulha-se naturalmente no detalhamento: o entrevistado será estimulado a contar uma história longa, saborosa, repleta de pequenas surpresas, em vez de oferecer uma resposta sintética e pouco esclarecedora, deve-se evitar "colocar palavras na boca do entrevistado", isto é, induzi-lo a responder o que já esperamos.

O momento da entrevista

Entrevistar é uma arte. A prática em campo facilita a conquista da confiança do entrevistado, a fluidez da narração e o desenvolvimento de reações rápidas, em caso de ocorrências inesperadas. Entretanto, o aluno que se envolve pela primeira vez em um projeto de história oral dificilmente terá familiaridade com essa arte. Torna-se necessária uma preparação para as dificuldades que ele poderá encontrar, bem como sobre a postura mais adequada diante do entrevistado.

Durante a entrevista, uma atitude de respeito e profundo interesse pela fala do outro – que naquele momento é o foco das atenções – é imprescindível. Além disso, são precisos certo desprendimento e jogo de cintura para que assuntos dolorosos e de difícil abordagem sejam tratados. Essa é a razão pela qual sugerimos os exercícios anteriores, com colegas ou familiares – deve-se evitar que o aluno não saiba o que fazer no momento em que estiver ouvindo um narrador importante para o projeto. Sugere-se orientar os alunos em relação aos temas sensíveis às gerações anteriores ou às pessoas de origens diferentes e sobre a maneira de melhor abordá-los.

> **Sugestão de filme:**
>
> *Jogo de cena*. Direção: Eduardo Coutinho. 2007, 105 min, cor.
>
> Em um de seus filmes baseados em depoimentos, o prestigiado documentarista Eduardo Coutinho aborda a relação entre verdade e ficção, colocando em cena (literalmente, pois todo o filme é gravado no palco do Teatro Glauce Rocha) mulheres comuns, contando suas histórias de vida, e atrizes, conhecidas ou não do grande público, interpretando-as ou contando outras histórias. Com essa estratégia, o diretor injeta no público uma dúvida permanente entre o que é real e o que não é real; o que foi ou não vivenciado por quem narra. Em algumas cenas, Coutinho interage com as atrizes, pedindo para que elas comentem as histórias que interpretam, desvelando, assim, parte dos mistérios levantados. Trata-se de um excelente filme para ser assistido junto com os alunos. Pode suscitar importantes discussões a respeito da forma como as emoções aparecem em entrevistas, do caráter performático da narração das histórias, da dificuldade de filtrar o que é certificadamente real daquilo que é fabulado, e até mesmo da sensação de estar sendo "enganado" quando se ouve uma história.

Cabe lembrar que, seja para o estudante do ensino médio, seja para o mais experimentado pesquisador, uma entrevista de história oral sempre traz surpresas. Não é possível estar preparado para todos os tipos de entrevistado que se possa encontrar. Como cada pessoa é uma só, é inútil buscar perfis, tipologias, reações. Ouvir uma história altamente intensa, emocional, muitas vezes até desconfortável, faz parte do aprendizado da história oral e é um sintoma da conexão estabelecida entre entrevistado e entrevistador durante seu diálogo. Algumas questões podem despertar emoções imprevistas – e o estudante não pode reagir mal a elas. Ele deve senti-las junto, oferecer seu apoio. Da mesma forma, deve saber se refrear quando não concordar com as opiniões dos narradores, ou mesmo quando se chocar com elas.

Como já dissemos, o ato de entrevistar não consiste apenas em ligar o gravador e fazer qualquer pergunta a qualquer pessoa. Além da preparação necessária, cuidados na hora da gravação são, mais que recomendáveis, imprescindíveis. A esse título, poderíamos ressaltar os itens indispensáveis para o sucesso de um encontro: a forma correta de se fazer perguntas, uma linguagem adaptada ao entrevistado, a polidez no trato com o interlocutor e um bom manuseio do equipamento. Os estudantes necessitam da orientação do professor para tudo isso.

O roteiro de temas, preparado com antecedência, pode e deve ser consultado ao longo da entrevista. Porém, o estudante que conduz o diálogo com o melhor andamento possível é aquele que encadeia perguntas e respostas espontâneas, que dá continuidade aos assuntos, que aproveita ganchos, etc. – e não o que simplesmente faz a pergunta prevista e passa ao próximo tema. O ideal é que, ao longo da entrevista, os tópicos previamente elencados venham à tona naturalmente, e, ao final da entrevista, o aluno consulte o roteiro somente para verificar se algo ficou por dizer.

Entre os outros elementos a que se deve atentar está o ambiente, que precisa ter sido previamente preparado. As pessoas ao redor devem ter sido, na medida do possível, avisadas da realização de uma entrevista, de modo que o local seja isolado de interrupções. Se necessário, o estudante pode improvisar, colocando um bilhete na porta pedindo que ninguém entre.

O entrevistador também deve tratar a situação de entrevista como algo importante – único, como efetivamente é. Por isso, é importante estar alimentado, vestido adequadamente e descansado. Costumamos dizer que os alunos devem ir para uma entrevista como iriam para um exame vestibular: descansados, concentrados, prontos para cruzar uma jornada ao desconhecido.

O que fazer antes de ir para a entrevista

- Confirme a entrevista com o entrevistado com antecedência. Muitas vezes, ocorrem imprevistos, e é melhor ligar confirmando o compromisso do que perder a viagem.
- Revise o roteiro temático e reflita se as perguntas funcionam, se falta alguma coisa, se você se sente confortável com o que preparou. Não se esqueça de levá-lo com você!
- Repasse o equipamento e os suprimentos que serão necessários durante a entrevista: gravador, pilhas, cartões de memória, microfones, etc.
- Cheque o funcionamento do equipamento eletrônico.
- Leve papel e caneta.
- Leve os documentos necessários: carta de cessão e, eventualmente, carta de doação de materiais.
- Junte esses itens em uma pasta, na qual você poderá guardar com segurança outros materiais que o entrevistado possa entregar.

Algumas dicas para a entrevista

- Antes de começar, relembre seu entrevistado sobre o projeto para o qual ele será entrevistado. Assim, ele estará mais "por dentro" do assunto durante a conversa;
- desligue o telefone celular e outros aparelhos sonoros que possam atrapalhar a entrevista;

- grave oralmente (no gravador) o cabeçalho da entrevista (data, local, nome do entrevistado e do entrevistador, projeto de história oral);
- comece a entrevista com perguntas gerais, com informações básicas, que o entrevistador responderá sem maior restrição, para ir "esquentando" o clima. Geralmente, vale a pena "começar do começo", pedindo ao entrevistado que conte sobre suas origens, sua família, sua infância, suas primeiras lembranças;
- evite fazer mais de uma pergunta por vez. Não junte questões, mesmo que elas estejam inter-relacionadas. Isso confunde o entrevistado e pode gerar um resultado estranho quando da transcrição do material;
- não interrompa quando o entrevistado estiver narrando. Anote suas perguntas e reserve-as para quando ele parar ou mesmo para o final da entrevista;
- se seu entrevistado fugir do assunto, não perca a paciência. Espere-o terminar de falar e diga algo como: "Que história interessante! Poderíamos agora retornar para o assunto de...?";
- tente dar prosseguimento à entrevista através de perguntas que prolonguem o assunto, como: "E então...?", "E depois disso...?";
- o silêncio faz parte da entrevista. Não tente preenchê-lo, por simples medo de ficar em silêncio. Diferencie quando é hora de fazer uma nova pergunta e quando o entrevistado deu uma pausa plena de significados;
- use as informações que o entrevistado forneceu durante a entrevista para fazer novas perguntas;
- às vezes, a entrevista conduz a si mesma para outro caminho, distante do que você previu. Mesmo que tenha passado horas preparando um roteiro, aceite que ele pode ser simplesmente deixado de lado. Caso isso ocorra, tente buscar significados nos novos temas abordados;
- utilize seu corpo, sua expressão facial, para mostrar interesse por aquilo que seu entrevistado disser. O olhar, a posição das

mãos, a inclinação do corpo, tudo isso pode estimular ou retrair o narrador;

- o tempo ideal de uma entrevista varia entre 1h30 e 2 horas. Pode haver exceções, mas esse costuma ser o tempo da maioria das gravações. Mais do que isso, poderá ser cansativo. Caso haja muita coisa a ser dita, deixe para uma segunda sessão de gravação;
- uma pausa no meio da sessão também pode ser bem-vinda, caso um de vocês esteja cansado. Não hesite em sugeri-la se você perceber que é necessário;
- caso a entrevista esteja se estendendo além do tempo disponível do entrevistador, faça perguntas ou comentários finalizadores, de modo a, gentil e gradualmente, encerrar a conversa. Outra sessão de gravação pode ser sugerida ao entrevistado;
- termine a entrevista com uma questão de finalização, do tipo: "Tem mais alguma coisa que você/o(a) senhor(a) gostaria de acrescentar?".

Após a entrevista

Do mesmo modo que uma entrevista não é iniciada quando é ligado o gravador, ela também não termina quando ele é desligado. O primeiro cuidado a ser tomado é em relação à preservação da gravação: o ideal é que haja pelo menos duas cópias dela, guardadas em lugares diferentes, seguros. Hoje em dia, na era digital, muitas vezes se utilizam discos rígidos virtuais, para onde você pode enviar seu arquivo. Ou, então, podem ser gravadas cópias em CDs e DVDs, uma para ser armazenada na escola, outra com o professor, e uma terceira com o estudante.

Além dessa preocupação técnica, deve-se lembrar que a relação com o entrevistado continua após a entrevista. É de bom tom agradecê-lo pela participação no projeto. Isso pode ser feito pessoalmente (caso o aluno encontre o narrador com frequência), por telefone, por *e-mail* ou por carta. O ideal é que o professor também participe desse momento, confirmando a finalidade pedagógica da entrevista. Ele pode enviar uma carta ao entrevistado, como o modelo que reproduzimos a seguir.

> **Modelo de carta de agradecimento**
>
> ___, __ de __ de __.
>
> Prezado(a) Sr(a). _____,
>
> Muito obrigado por sua disposição em participar do projeto de história oral e memória do Nosso Colégio. Nossos alunos aprenderam muito com seu testemunho, que terá muito valor para nosso estudo sobre _____ e será incluído no arquivo de história oral do projeto.
>
> Uma cópia da gravação e da transcrição de sua entrevista será enviada ao(à) senhor(a) assim que nossos alunos completarem essa tarefa, o que deve acontecer em período de 60 dias.
>
> Agradecemos mais uma vez sua cooperação.
>
> Cordialmente,
>
> Professor(a)
>
> Nosso Colégio

É importante, também, guardar os registros da entrevista. Isso passa pela coleta de informações de cada entrevistado. Os dados devem ser compilados pelos estudantes antes ou durante o diálogo gravado – mas não hesite em consultar o depoente caso falte alguma informação.

> **Dados do entrevistado**
>
> Nome completo:
>
> Endereço:
>
> Telefone:
>
> *E-mail*:
>
> Profissão:
>
> Escolaridade:

Data de nascimento:
Local de nascimento:
Estado civil:

Nome do cônjuge:
Nome do pai:
Nome da mãe:
Número de irmãos:
Filhos (número e nomes):

Data e hora da entrevista:
Duração da entrevista:
Entrevistador(es):
Outras pessoas presentes:
Local da entrevista:

Comentários adicionais:

A solicitação da autorização para o uso da entrevista, por escrito, é um procedimento fundamental. De outra forma, o aluno não poderá utilizar as palavras que ouviu ou gravou. A coleta da carta de cessão pode ser efetuada logo após o gravador ser desligado, mas é importante que o entrevistado esteja ciente da necessidade de assiná-la antes mesmo de conceder sua entrevista. Muitos entrevistados podem ficar desconfortáveis com a linguagem jurídica de uma carta de cessão – especialmente minutos após um diálogo fraterno –, por isso é importante que o aluno esteja preparado para justificá-la. É função dele explicar o porquê de a assinatura ser necessária, qual a sua utilidade e qual o significado dos termos e das expressões constantes do documento.

São vários os formatos de carta de cessão existentes: alguns mais simples, outros mais complexos. Em termos gerais, a cessão do uso da entrevista deve ser garantida por meio de uma declaração do narrador que especifique como seu relato poderá ser divulgado (se apenas localmente ou através de meios de comunicação, se na íntegra ou parcialmente, se nominal ou anônimo, se imediatamente ou após um período de guarda).

A carta de cessão, de toda maneira, deve comportar certa flexibilidade. O pesquisador deve estar apto a incluir, nesse documento, eventuais restrições que seus narradores queiram impor. Algumas vezes eles solicitam que um determinado trecho da entrevista não seja utilizado, que menções a determinada pessoa sejam suprimidas, ou mesmo estabelecem um prazo a partir do qual a entrevista poderá ser usada (devendo permanecer em sigilo até aquela data). No momento de assinatura da carta, todas essas questões poderão surgir, e é preciso ter paciência e capacidade de negociação para conversar com o entrevistado sobre a necessidade do documento e as suas características.

> **Modelos de carta de cessão**
>
> Existem vários modelos possíveis de carta de cessão. A título de exemplificação, apresentaremos dois formatos: um bastante simples, suficiente para a maior parte dos usos em sala de aula, e outro detalhado, que contempla as principais necessidades de pesquisadores profissionais para uso imediato e a longo prazo das entrevistas coletadas. Estas sugestões poderão ser adaptadas às necessidades específicas de cada projeto, de cada escola e de cada comunidade.
>
> Modelo 1
>
> ___, __ de __ de __.
>
> CARTA DE CESSÃO
>
> Eu, (nome completo), autorizo que minha entrevista gravada em (data da gravação) seja arquivada na Nossa Escola e que uma cópia dela fique sob os cuidados de (nome do aluno, professor, etc.), em formato gravado e escrito.

Autorizo também que minha entrevista seja utilizada para fins pedagógicos, de publicação e de difusão, por (nome do aluno e do professor).
Esta autorização exime meus descendentes dos direitos sobre a entrevista.

_____

(nome completo e assinatura)

Modelo 2

CARTA DE CESSÃO

Pelo presente documento, (nome completo do entrevistado), de nacionalidade (nacionalidade), estado civil (estado civil), portador da cédula de identidade nº (número do documento) e do CPF nº (número do documento), residente e domiciliado a (endereço completo), doravante denominado CEDENTE, cede e transfere, neste ato, sem qualquer ônus, a (nome completo do entrevistador), de nacionalidade (nacionalidade), estado civil (estado civil), portador da cédula de identidade nº (número do documento) e do CPF nº (número do documento), residente e domiciliado a (endereço completo), doravante denominado CESSIONÁRIO, a totalidade dos direitos autorais e patrimoniais de entrevista concedida no dia (data da entrevista), na cidade de (cidade de realização da entrevista), sobre o tema (tema do projeto ou da entrevista), aos entrevistadores (nome completo dos entrevistadores).

A cessão e a transferência são feitas a título gratuito, em caráter universal, definitivo e irrevogável, estendendo-se aos meus descendentes, sem limitação territorial ou prazo de utilização. A entrevista poderá ser utilizada na íntegra ou em parte editada, em áudio, vídeo ou em transcrições, diretamente pelo CESSIONÁRIO ou através de terceiros, podendo ser incluída em qualquer tipo de material ou produto, comercializado ou não, por quantas vezes o cessionário entender cabível, incluindo-se mas não se limitando a

> mídia impressa (folhetos, catálogos, impressos, convites, fôlderes, artigos, jornais, revistas, capítulos de livros, livros, etc.), mídia eletrônica (internet, digital, televisão, rádio, CD-ROM, cinema, banco de dados, DVD-ROM, tecnologia de telefonia celular, etc.), apresentações públicas (seminários, palestras, debates, conferências, etc.), ou qualquer outro meio de divulgação, em todo o território nacional e no exterior, que exista ou venha a ser criado. O CEDENTE terá, indefinidamente, o direito ao exercício pleno de seus direitos morais sobre a referida entrevista, tendo sempre seu nome citado por ocasião de qualquer utilização sua.
>
> Assinam o presente documento, em 02 (duas) vias de igual teor e para um só efeito.
>
> São Paulo, 14 de setembro de 2013.
>
> (CEDENTE, nome e assinatura) (CESSIONÁRIO, nome e assinatura)

O trabalho com a entrevista pronta

De posse da entrevista e de sua autorização para uso, há uma tarefa que exige muito de nós, tanto do ponto de vista manual quanto do intelectual: a transcrição. Na realidade, a primeira tarefa é decidir se a gravação será ou não transcrita – o que deve ser balizado por decisões pedagógicas e pelas constrições objetivas. Por exemplo: quando se trata de um trabalho para a disciplina de Língua Portuguesa ou Literatura, a transcrição pode ser essencial, demandando que o estudante trabalhe pontuação, ortografia e gramática, além de atenção e capacidade de escuta. Nesses casos, poderão surgir interessantes dúvidas sobre a manutenção das formas populares da fala na transcrição, gerando situações didáticas para que as hierarquias simbólicas da fala e da cultura sejam debatidas. Em um trabalho com enfoque temático específico, talvez não seja necessário ou possível realizar a transcrição integral, uma vez que o tempo pode ser um grande impeditivo.

O professor deve avaliar se vale a pena comprometer os alunos em um trabalho tão dispendioso, por mais que eles venham a aprender sobre a linguagem e sobre o próprio entrevistado e o conteúdo da entrevista, já que entrarão em uma relação intensa com o material. A transcrição é um processo elaborado e que consome muito tempo: um adulto gasta em torno de cinco ou seis horas de trabalho para transcrever cada hora gravada, considerando-se o uso de um bom equipamento para ouvir e para digitar, além de habilidades na digitação. Para os estudantes, o tempo consumido pode ser ainda maior – por isso, a tarefa pode ser dividida entre alunos ou entre diferentes grupos.

Existem diversas visões a respeito de como a transcrição deve ser realizada, mas, de modo geral, ela consiste na materialização objetiva das falas no código escrito. Transcrevendo, depois de várias audições da gravação, tenta-se o maior entendimento possível – não apenas do conteúdo verbal e imediatamente cognitivo dos diálogos, mas de repetições, ruídos, interrupções, pausas, silêncios, perguntas, da ativação do gravador até a conclusão do encontro. Por ser literal e rigoroso, o processo deve ser feito preferencialmente por quem gravou a entrevista, capaz de relembrar o ritmo da fala, eventuais trechos inaudíveis e nomes citados, entre outros elementos. O ideal é que, antes de transcrever, se ouça a gravação, preferencialmente na íntegra, para que se acostume ou relembre a maneira de falar do entrevistado. Isso pode poupar um tempo considerável de trabalho.

As transcrições devem ser realizadas em um computador, em um programa de edição de textos, como o Word. Os arquivos devem possuir um cabeçalho, como no modelo a seguir.

Modelo de início de transcrição

Entrevistado: Mário Lima (ML)
Entrevistadora: Caroline Fernandes (CL)
Data da entrevista: 14 de fevereiro de 2009
Local: Residência do entrevistado, Pompeia, São Paulo
Duração da entrevista: 50 minutos

Caroline Fernandes: Bom dia, senhor Mário. Antes de a gente começar, eu vou registrar que hoje é dia 14 de fevereiro de 2009,

> agora é... bom, são 10:15 da manhã, eu estou entrevistando o senhor Mário Lima, na casa dele mesmo, aqui no bairro da Pompeia, e quero te agradecer por ter aceitado dar essa entrevista.
>
> Mário Lima: Não, não tem que agradecer, pra mim que é um prazer dar essa...
>
> CF: Que bom, eu fico feliz mas agradeço muito mesmo. A gente já tava conversando antes, mas eu queria te pedir pra gente voltar um pouquinho, e você me falar um pouco da sua família, quer dizer, onde você nasceu, quem são seus pais, essa coisa toda.
>
> ML: Vamo, vamo lá. Bom, meu nome é Mário, isso você já sabe. [risos]

Como se vê nesse caso, a transcrição deve identificar e distinguir o entrevistado do entrevistador. Isso pode ser feito usando-se fontes diferentes, recursos como negrito ou itálico ou escrevendo-se o nome ou as iniciais antes de cada fala (como ocorre no exemplo).

A transcrição não precisa nem deve ser imitativa da fala – até porque não há como imitar, por escrito, um jeito específico de falar, e essa estratégia pode até mesmo vir a prejudicar a inteligibilidade do texto. Transcreve-se o mais próximo possível do que foi dito, mas dentro da ortografia padrão. Se alguém estiver interessado na forma de falar do entrevistado, deverá ouvir a gravação em vez de ler a entrevista. Por outro lado, essa regra só deve ser usada em relação à ortografia. Jamais se deve modificar as palavras dos entrevistados por outras que possivelmente "cairiam melhor". Tampouco se pode modificar ou corrigir nossa própria fala conforme a gramática padrão – a menos que se trate daquelas pequenas coisas que, na fala, todos nós deixamos passar.

As repetições devem ser mantidas, pois elas refletem o tom da entrevista, a importância de cada conteúdo transmitido. Palavras e frases repetidas muitas vezes têm seu significado mostrado justamente pela repetição. Tome-se como exemplo o caso de um entrevistado que diz: "Eu gostava do meu pai... Gostava muito, muito, muito! Gostava mesmo!". Caso você transcreva apenas "Eu gostava muito do meu pai", a frase perderá sua carga emocional, garantida pela expressividade da repetição.

Os alunos podem utilizar alguns elementos gráficos para tornar a transcrição inteligível:

- quando o assunto for modificado, mude de parágrafo na transcrição, a fim de evitar blocos muito grandes de texto;
- quando acrescentar alguma palavra que não foi dita pelo entrevistado (por exemplo, se o entrevistado deixar alguma coisa por dizer, mas que estava implícita), a complementação de informação deve ser feita entre colchetes:
    → "...e aquilo não aconteceu só comigo, aconteceu com [outras pessoas também]..."
    → "Meu filho nasceu no dia 15 [de abril], e logo no mês seguinte eu tive que mudar pra São Paulo";
- outras expressões do narrador também podem ser indicadas entre colchetes, eventualmente especificando-se a natureza ou a intensidade dessa expressão. Não se deve, porém, poluir o texto com excesso desses marcadores, já que podem inviabilizar a leitura fluida. Dentre as indicações possíveis, estão:
    → [risos]
    → [silêncio]
    → [choro]
    → [soluços]
    → [riso sarcástico]
    → [pausa longa];
- acontecimentos externos também podem ser indicados entre colchetes, bem como frases ou palavras não compreendidas:
    → [telefone toca]
    → [entrevistado para e atende a campainha]
    → [a irmã da entrevistada entra na sala]
    → [palavra ininteligível]
    → [trecho inaudível];
- siglas podem ser transcritas tal qual foram pronunciadas. O seu significado, se conhecido pelo transcritor, deve ser incluído entre colchetes. Por exemplo:

→ ...eu pensei duas vezes antes de me filiar à ABI [Associação Brasileira de Imprensa] porque...

→ ...daí eu prestei concurso pra UFOP [Universidade Federal de Ouro Preto], a chance apareceu e eu fui...;

- nomes próprios seguem a mesma regra: devem ser transcritos tal qual pronunciados. O transcritor pode completar, entre colchetes, com o sobrenome ou a designação. Por exemplo:

→ ...a Marília [Rocha] me encontrou e disse que...

→ ...o Otávio [filho da entrevistada] entrou na cozinha quando eu...;

- trechos incompreensíveis devem ser substituídos pela expressão [inaudível].

Após a transcrição, é fundamental passar pela etapa da conferência: deve-se ouvir novamente a gravação e cotejá-la com o texto escrito, na íntegra, a fim de garantir que não houve palavras, frases ou trechos suprimidos ou transcritos de maneira equivocada. Preferencialmente, a conferência deve ser feita alguns dias após a transcrição, para que o transcritor se "desacostume" da versão consolidada. Uma segunda opção igualmente válida é delegar a tarefa de conferência a outra pessoa – e isso pode funcionar bem com a troca de entrevistas entre os alunos.

Em muitos casos, especialmente naqueles em que se espera tornar públicas as entrevistas, o texto transcrito se transforma em matéria-prima para uma segunda versão: a edição. Ao contrário do que ocorre com a transcrição, nesse momento não é preciso ser "fiel" ao que se ouviu. A edição tem como finalidade tornar as falas mais legíveis, mais claras para quem as ler. Há muitas divergências em relação a quanto se pode alterar no texto transcrito: alguns pesquisadores fazem pouquíssimas modificações, mantendo todas as marcas da oralidade e até mesmo evitando o processo de edição. Porém, muitas vezes as transcrições puras costumam ser de difícil entendimento, muito longas e enfadonhas, e cheias de marcas da oralidade. Por outro lado, existem pessoas que simplesmente abrem mão do referente e não pensam duas vezes antes de reescrever a fala de quem entrevistaram, até mesmo modificando ou inserindo palavras e frases que eles não disseram. Isso também deve ser evitado.

Para a edição, o aluno deve ser orientado a respeito das operações que pode realizar: ele pode omitir repetições sem significado imediato, fazer algumas correções em tempos verbais quando necessárias, explicar entre colchetes o significado de gírias, colocar notas de rodapé oferecendo explicações para fatos mencionados, etc. Porém, é essencial que o estudante saiba que deve respeitar o que está gravado. Nunca, sob nenhuma circunstância, ele pode:

- incluir no texto editado palavras que não foram ditas pelo narrador;
- alterar os termos utilizados;
- excluir trechos longos e significativos.
- manter na versão editada trechos cujo uso o narrador eventualmente não tenha autorizado.

Com a transcrição/edição finalizada, recomenda-se que o estudante procure o depoente para lhe entregar uma cópia dela, acompanhada pela cópia do áudio. Esse material deve ser preparado com cuidado e capricho, por ser importante para o narrador. O processo de retorno a ele, ou a seu grupo, simboliza o respeito e a valorização de sua experiência de vida. Para os alunos, é uma ocasião de satisfação, já que eles veem o quão frutífero foi o resultado de sua pesquisa, agora legitimada pelo depoente ou por sua comunidade. Como veremos adiante, essa relação de devolução tem prosseguimento: os narradores devem ser convidados para quaisquer atividades que envolvam a publicização de suas histórias, através de apresentações públicas, exposição ou publicação.

Para os casos em que não existe tempo suficiente para a realização de transcrições, há uma alternativa: a minutagem. Através desse procedimento, os alunos ouvem a entrevista e constroem um arquivo de texto contendo os temas e os minutos/segundos a que eles se referem. O cabeçalho desse arquivo pode ser o mesmo utilizado para a transcrição completa. A minutagem tem serventia porque, sempre que for necessário acessar um determinado trecho das entrevistas (sobre o tema que se busca), será possível ir direto a ele, em vez de ouvir entrevista na íntegra mais uma vez.

> **Modelo de minutagem**
>
> Entrevistado: Mariana de Belém (MB)
> Entrevistadora: Caroline Fernandes (CL)
> Data da entrevista: 19 de setembro de 2010
> Local: Bar Brahma, República, São Paulo
> Duração da entrevista: 94 minutos
>
> 00:00 - 01:37 – Apresentação da entrevista
> 01:37 - 04:55 – Origem familiar
> 04:55 - 09:20 – Infância, brincadeiras de infância, irmãos
> 09:20 - 13:32 – Relação com a mãe e influências artísticas na família
> 13:32 - 20:12 – Primeiros passos profissionais

Apresentamos a seguir mais três exercícios que podem ser utilizados pelo professor com a finalidade de ajudar os alunos a se familiarizarem com a transcrição.

Exercício 9 – Redação em primeira ou em terceira pessoa

Esta atividade visa deslocar a atenção do aluno do conteúdo para a forma, quando da composição de uma redação. Para isso, sugere-se que ele aja sabendo que não está criando uma obra de ficção, mas sim se valendo da história de um personagem real cujas características deve respeitar.

Os estudantes são convocados a ouvir uma entrevista feita por eles próprios, seus colegas, ou acessada pela internet, e a criar, a partir dela, uma narrativa escrita em primeira ou em terceira pessoa. Eles poderão se basear na entrevista como um todo ou em um de seus episódios. Na redação em primeira pessoa, eles assumirão o papel da pessoa entrevistada. Com esta opção, podem-se seguir os seguintes passos:

- anotar os principais blocos temáticos da entrevista;
- anotar os dados específicos do entrevistado que não devem ser inventados;
- selecionar os eventos mais marcantes dessa narrativa, que garantirão impacto no texto;

- fazer sua própria criação de um relato em primeira pessoa.

Na redação em terceira pessoa, ele contará a história do entrevistado, seja na forma de ficção, seja na literatura de realidade. Poderá, inclusive, utilizar citações da entrevista e incluir a si mesmo como personagem dela.

Exercício 10 – Escutar "sem querer"

O exercício pretende ajudar os alunos a "abrirem seus ouvidos" para as vozes do mundo e a treinarem sua capacidade de transcrevê-las (bem como a compreenderem a impossibilidade de reproduzi-las em sua totalidade) (tarefa de casa).

Nesta atividade, pede-se aos alunos que façam um exercício curioso: que transponham para o papel as conversas que escutam "sem querer". Os alunos irão a algum local público onde haja pessoas falando – e não é difícil encontrar um! Eles poderão ir a uma praça, a um shopping, a uma competição esportiva, ou mesmo ficar nos corredores da escola. Com caderno e caneta em mãos, a tarefa deles será reproduzir, da maneira mais fiel possível, as conversas que ouviram. Eles tentarão transpor para o papel a espontaneidade, a escolha vocabular, o sotaque, o ritmo, buscando fazer com que sua representação escrita se iguale à fala.

Em classe, o professor poderá discutir coletivamente os resultados, buscando compreender os desafios e as dificuldades comuns e tentando entender a variedade das falas e representações como um reflexo da variedade da própria sociedade.

Exercício 11 – Aprendendo a transcrever

Este exercício visa familiarizar os estudantes com a passagem da linguagem oral para a forma escrita, além de expô-los às regras e às normas do português que permitem a expressão da oralidade. Esse trabalho será mais produtivo se integrado com disciplina de Língua Portuguesa. O exercício será uma continuação dos exercícios anteriores, e podem-se manter os mesmos grupos (tempo aproximado: três horas, podendo também ser dividido em dois dias).

Nesse exercício, o professor de português ou da disciplina que propôs o exercício dará orientações de gramática sobre como transcrever certas expressões orais para que o texto escrito seja compreendido devidamente. Por exemplo: falar sobre regras de pontuação e das diferenças entre a norma culta e as formas populares da fala. Vale discutir a pertinência da manutenção do estilo de fala do entrevistado e suas vantagens ou desvantagens na transcrição.

Sugere-se que seja dado um exemplo à classe de como transcrever uma frase de entrevista, usando uma das entrevistas feitas pelos alunos. Os grupos serão orientados, no dia anterior, a trazer as entrevistas realizadas nos outros exercícios. O professor pede aos alunos que, em grupos, tenham as entrevistas em mãos, acompanhadas de um caderno e uma caneta, ou de computador. Pedir também que os grupos ouçam cada entrevista e que as transcrevam cuidadosamente, decidindo qual forma escrita melhor expressa o que foi dito.

Em seguida, pode-se pedir que cada grupo circule cópias ou faça a projeção de um trecho transcrito, sugerindo que a classe avalie se entendeu o que foi dito e que compare com o trecho gravado. Então, propõe-se discutir e verificar se o texto reflete, de fato, o que está registrado em áudio, e qual seria uma forma melhor de representar a narração.

Por fim, o professor poderá mostrar aos alunos os recursos de expressão que os ajudariam a aperfeiçoar a transposição do oral para o escrito.

O processo de análise de entrevistas

Todo o processo de trabalho com história oral é interpretativo: desde a seleção de temas, como a formulação de projetos e a indicação dos entrevistados, refletimos continuamente, elaboramos e reelaboramos hipóteses, percebendo os rumos da pesquisa e nos comportando de acordo com essa percepção. Existe, porém, um momento em que esse trabalho interpretativo se torna explícito: é quando analisamos as entrevistas coletadas.

Para nós, o trabalho com história oral na sala de aula não pode se esgotar com a realização das gravações ou com o armazenamento das transcrições – se fizermos isso, acabamos sugerindo aos alunos uma impressão equivocada a respeito das fontes: a de que elas "falam por si mesmas". Esse é um problema comum em boa parte dos livros didáticos que solicitam aos estudantes que recolham entrevistas curtas com membros da família, mas que não executam um trabalho posterior com elas. Esse tipo de comportamento – isto é, a interrupção do trabalho logo após a conversa – impede o aluno de desconstruir um pressuposto comum entre os estudantes: o de que não há nada interessante em sua família ou no membro da família que decidiu entrevistar.

As entrevistas, como sabemos, não são transparentes. É necessário refletir sobre elas para entendê-las, para descobrir seu manancial de riquezas. Em um trabalho escolar, o objetivo principal é que o conjunto de informações que derivam da entrevista gere conhecimento. Para isso, o conteúdo dos relatos precisa ser depurado por meio de análise, propiciando ao aluno reflexões sobre o que o conjunto dos relatos tem a dizer, bem como sobre o que cada entrevista, em sua individualidade, pode mostrar em relação aos objetivos do trabalho. Esse momento interpretativo põe o estudante diante da necessidade de fazer indicações e relações, de levantar hipóteses e possibilidades, de criar esquemas e definir pontos de referência, de organizar ideias e construir argumentos, de olhar criticamente para as fontes.

A análise é o momento em que são buscados os sentidos de uma entrevista. Analisar significa, literalmente, decompor o todo em suas partes constituintes. Na entrevista, ela poderá ser aplicada como tentativa de compreensão dos seus significados intrínsecos e do estabelecimento de relações entre fontes e conteúdos de ensino.

É necessário que as entrevistas e seu conteúdo sejam discutidos do ponto de vista tanto de cada relato individual quanto do conjunto. Isso deve ser feito em concordância com os objetivos curriculares das disciplinas e também com as percepções individuais dos alunos sobre o conteúdo dos relatos. O trabalho, enfim, deve satisfazer os objetivos e os anseios tanto dos professores envolvidos quanto dos estudantes, em sua busca por novos conhecimentos.

O estudante deve ser orientado para técnicas simples de análise. Uma delas, descrita anteriormente, consiste na categorização do conteúdo dos relatos utilizando termos-chave e marcações a caneta no material transcrito. Outro trabalho analítico que os alunos podem fazer consiste na sobreposição de duas linhas do tempo. Uma delas terá sido elaborada previamente, contendo os principais fatos históricos ocorridos em um determinado período, aquele a ser abordado nas entrevistas. Depois, cada aluno irá elaborar a linha do tempo de seu próprio entrevistado, selecionando os principais acontecimentos da vida dele. Um terceiro passo será conectar essas duas linhas do tempo: os estudantes deverão indicar e refletir sobre como a história de um indivíduo se conecta a uma história mais ampla, que unifica o projeto. Com isso, os alunos irão exercitar a noção de cronologia, a percepção da passagem do tempo, aprendendo a inserir acontecimentos, da vida de uma pessoa ou de uma parcela social, dentro de um quadro cronológico. A atividade favorece a percepção e as formas de associação da vida cotidiana com eventos de impacto coletivo.

A seguir, oferecemos mais duas possibilidades de exercício para aguçar a capacidade analítica e interpretativa dos estudantes.

Exercício 12 – Compreendendo o significado das entrevistas

Esta atividade deve preparar os estudantes para estabelecerem as conexões entre as entrevistas realizadas e o tema da aula. Trata-se de um exercício de análise de entrevistas (tempo aproximado: 3 horas, podendo a atividade ser dividida em dois ou mais dias).

Sugere-se que se mantenham os grupos dos exercícios anteriores. Primeiramente, o professor lembrará à classe os objetivos do trabalho com as entrevistas e com quais temas e disciplinas elas estão relacionadas. Em seguida, irá orientá-los a buscarem nas falas as relações com o conteúdo das aulas. Para facilitar, o professor elaborará uma lista de assuntos que deverão ser identificados nas entrevistas.

O professor produzirá, junto aos grupos, uma tabela com os nomes dos entrevistados na primeira coluna e com os assuntos selecionados na primeira linha. Os alunos serão orientados a procurar e separar trechos das entrevistas que falem sobre cada assunto e a preencher os campos correspondentes da tabela de acordo com o que foi falado pelo entrevistado.

Se o entrevistado não falou sobre um assunto selecionado, deve-se anotar e buscar entender as razões da omissão (o entrevistador não fez a pergunta ou o entrevistado preferiu não falar, se esquivou?, etc.).

Quando a tabela estiver pronta, o professor lerá para a classe todos os trechos de entrevistas correspondentes a cada assunto. A cada tema, discutirá com a classe as semelhanças e as diferenças entre os entrevistados na abordagem daquele assunto, buscando compreender as razões para isso.

Finalmente, os estudantes serão orientados a discutir as relações do conjunto das entrevistas com o conteúdo das disciplinas. As seguintes perguntas poderão ser feitas:

- O que aprendemos com essas entrevistas?
- O que os entrevistados contaram é diferente do que está nos livros e do que eu sabia? Quais são as possíveis razões para isso?
- Qual foi o impacto das entrevistas no que cada aluno sabia sobre o tema?
- Quais novas informações os alunos aprenderam com o recurso das entrevistas?
- Teria sido possível chegar a esse conhecimento por meio de outras fontes que não as orais? Quais?

Exercício 13 – A história oral e a interpretação histórica

Nesta atividade, busca-se estimular o estudante a enxergar a relação entre as fontes orais e as interpretações que elas facultam, bem como descobrir quão ligada à interpretação do pesquisador é a versão apresentada em um texto de cunho historiográfico (tempo aproximado: duas aulas; exercício para casa, a ser instruído e comentado em sala).

O professor selecionará um tema para o exercício: um fato histórico de repercussão social a respeito do qual o estudante possa facilmente encontrar material de pesquisa.

O estudante buscará informações sobre esse fato histórico em diferentes fontes: a cobertura jornalística sobre o acontecimento, em revistas e jornais; a leitura historiográfica sobre o evento, em um livro de história geral ou do Brasil, ou em um artigo acadêmico produzido por um historiador; e realizará uma entrevista temática com alguém, a respeito do fato em questão.

Então, o aluno analisará as diferentes narrativas sobre o fato, buscando identificar suas marcas comuns, suas diferenças, e estabelecer hipóteses a respeito desses elementos, levando em conta as características de cada fonte e suas condições de produção.

Por fim, o aluno terá como tarefa escrever um texto em que exporá sua interpretação a respeito das diferentes interpretações sobre o mesmo evento histórico, oferecidas pelas diferentes fontes.

O que fazer com as entrevistas?

Um projeto de história oral em sala de aula pode funcionar muito bem: os objetivos pedagógicos são alcançados, os alunos ficam motivados e satisfeitos, os entrevistadores gostam da experiência de ser escutados. Mas, após a finalização das atividades em sala de aula, o que fazer? Será que o trabalho termina quando reencontramos o entrevistado e o presenteamos com uma cópia do texto ou da gravação de sua história?

O professor e seus alunos têm em mãos, nesse momento, um material valioso, cujo interesse vai muito além da finalidade imediata de um trabalho escolar. Por isso, se pensamos em valorizar e compartilhar memórias, não devemos abandonar e deixar sem uso um conjunto de documentos tão rico. É importante socializar esse material, apresentá-lo à comunidade. Por que ter tanto trabalho se ninguém terá acesso aos seus resultados?

Em princípio, a "plateia" das tarefas escolares é o professor, que as lê e avalia. Mas é possível ir além quando se trabalha com uma matéria-prima capaz de encantar e ensinar. Socializar as entrevistas com a comunidade significa trabalhar em favor da história pública, da divulgação cultural, da consciência histórica. Muitas vezes, os projetos são simplesmente esquecidos ou dormem nas pastas dos alunos e nos escaninhos dos professores, nunca encontrando qualquer tipo de uso ou visibilidade. Por isso é fundamental pensar na visibilidade e na importância que um determinado material pode adquirir, transformando-se em um serviço para a comunidade, para outros pesquisadores e interessados, e mesmo para os curiosos.

O trabalho com memórias adquire um sentido maior quando se torna público; tanto para o grupo que foi sua base quanto para uma comunidade maior. Criar resultados visíveis agrega um valor social importantíssimo ao projeto, pois partilha o conhecimento produzido pelos alunos, desperta os outros para a importância da memória e estimula iniciativas semelhantes.

> Tornar público um trabalho de história oral significa ampliar, para outros, parte do conhecimento produzido pelos estudantes; significa contribuir para uma maior compreensão sobre assuntos que podem ser de interesse geral. Muitas pessoas podem se beneficiar desses materiais: estudantes de outras turmas, jornalistas, historiadores, escritores, lideranças comunitárias.

O arquivamento dos materiais é um passo importante e faz parte do trabalho com história oral: em geral, as entrevistas realizadas em função de um projeto são depositadas em arquivos de fontes orais das instituições que o geraram. No caso das escolas, elas quase nunca possuem centros de história oral ou um centro de memória. Cabe usar a criatividade para pensar em outras formas de tornar os resultados do projeto acessíveis.

Há formas inventivas para que outras pessoas conheçam e, de alguma forma, participem do projeto, tendo acesso às histórias de vida sempre inéditas e tão interessantes recolhidas pelos estudantes. Os recursos são muitos: a criação de um arquivo escolar, a montagem de exposições, divulgação na internet (e há muitas formas de fazer isso), a confecção de livros, programas de rádio ou videodocumentários. Vamos apresentar alguns deles – mas você pode encontrar o seu.

A escolha do produto a ser criado depende dos recursos disponíveis em sua escola, bem como das habilidades técnicas dos alunos ou dos colaboradores. É verdade que nem todas as instituições oferecem os meios para atingir todos os resultados, mas é sempre possível encontrar uma maneira de combinar os recursos e o desejo de compartilhar as histórias coletadas.

Antes de passar para a etapa de produção, é necessário reforçar alguns cuidados que já devem ter sido tomados ao longo da execução do projeto. Como as entrevistas deixarão de ser apenas um trabalho escolar e passarão a circular fora do ambiente original de criação, alguns deslizes não podem ser mais admitidos:

- é preciso ter certeza de que todos os entrevistados concordaram em ter suas entrevistas divulgadas. As cartas de cessão devem ser reunidas pelo professor e guardadas em lugar seguro;
- as entrevistas devem ser revisadas: o texto deve ser claro e estar ortográfica e gramaticalmente correto. Esse trabalho pode ser feito pelos alunos, pelo professor ou por outros colaboradores;
- em todos os casos, é importante prestar atenção a falhas com respeito a: grafia dos nomes dos entrevistados e entrevistadores; legendas de fotos; datas das entrevistas; dados biográficos em geral (datas e locais importantes para os entrevistados, por exemplo).

Dentre as preocupações que compõem um projeto de história oral está a conservação e o arquivamento dos registros. Tal cuidado precisa ser transmitido aos alunos, pois o conjunto de entrevistas obtido pode servir às futuras gerações de estudantes e fazer parte do acervo de fontes de pesquisa da escola. Em relação à conservação do material, os principais cuidados a se observar são:

- por segurança, sempre guardar em arquivo pessoal uma cópia da entrevista gravada;
- não expor fitas cassete (quando utilizadas) a sol, chuva ou ambientes molhados;
- fazer cópias das entrevistas transcritas em diferentes mídias e computadores;
- inserir todas as informações das circunstâncias da entrevista tanto na gravação, quanto no arquivo transcrito (horário, pessoas presentes e local de gravação, etc.);
- devem ser utilizadas cópias diferentes, tanto da entrevista quanto da transcrição, para uso e para arquivamento. As cópias para o arquivo não devem ser manipuladas continuamente.

Se esses cuidados já foram tomados, é hora de começar a pensar no produto final. E nunca se esqueça de convidar os entrevistados e a comunidade para toda e qualquer apresentação!

O arquivo escolar

A criação de um arquivo é um dos produtos mais interessantes para se executar, pois possibilita o acesso e o uso futuro das entrevistas coletadas. Isso tem utilidade real para estudantes, historiadores e para a comunidade – a quem o material deve estar disponível. Outra possibilidade é preparar uma coleção, mesmo que não seja abrigada na escola: ela pode ser doada a um centro de memória, a um arquivo, a uma biblioteca, a uma universidade ou a outras instituições interessadas na temática. Porém, vale lembrar que cada instituição define sua própria política de arquivos e que nem todas elas aceitam (nem poderiam aceitar) tudo que lhes é oferecido. Então, não desanime se uma determinada instituição não puder aceitar o arquivo criado por seus alunos. Em muitos casos, o aceite poderá ser condicionado ao atendimento de certas normas e características prévias do material desse arquivo e até mesmo à disponibilidade de espaço.

Um arquivo físico pode incluir todo o material resultante da pesquisa, dependendo das possibilidades de armazenamento. Ele pode ser adicionado ao acervo regular da biblioteca da escola. Na maior parte das vezes, os materiais produzidos por alunos são devolvidos a eles ou simplesmente descartados, mas, no caso de um projeto de memória, nada é mais coerente do que preservá-lo.

A reunião do material coletado é o primeiro passo para a formação do arquivo – mas, para que a consulta a esse conjunto de documentos seja possível, eles devem estar organizados, classificados e em bom estado de conservação.

Nesse sentido, é importante:
- identificar com etiquetas e códigos os CDs, DVDs ou fitas com as gravações de entrevistas, colocando o nome do entrevistado, a data da entrevista e eventuais comentários;
- elaborar um catálogo de entrevistas, que deve conter a ficha de cada uma, desenvolvida em papel ou eletronicamente;
- elaborar um catálogo do restante do material resultante do projeto, como material iconográfico, objetos fornecidos pelos entrevistadores, material de imprensa, texto do projeto inicial, etc.;
- elaborar um álbum com as fotos tiradas pelos alunos.

Com isso, permite-se que outros professores ou alunos possam acessar documentos originais, produzidos por grupos próximos, a respeito de um contexto conhecido. O arquivo pode, ainda, ser aberto à comunidade, não apenas à consulta, mas também a doações e outros tipos de colaboração. É necessário, ainda, que os responsáveis pelo local onde foi instalado o arquivo estejam cientes dos cuidados necessários para a preservação do material, que deve estar protegido de poeira, umidade e calor excessivo.

As transcrições das entrevistas ficam arquivadas em papel e podem contar com uma folha de rosto no seguinte formato:

> **Nosso Colégio**
>
> Entrevista com
>
> Maria de Lourdes Coelho Silva
>
> **Projeto de história oral
> "Memória da comunidade imigrante"**
>
> Entrevista conduzida em abril de 2012
> por Robson Nascimento
>
> São Paulo, 2013

Figura 9 – Sugestão de folha de rosto para as transcrições a serem arquivadas

A segunda página deve contar com um resumo do projeto, e a terceira deve conter a ficha do entrevistado. Em seguida, segue a transcrição da entrevista na íntegra.

Uma exposição

Com o material recolhido durante a pesquisa, podem ser criados painéis para compor uma exposição sobre as histórias de vida, ou para serem incluídos em eventos regulares da escola, como feiras de ciências e culturais. As mostras também podem ser abrigadas permanentemente na biblioteca da escola ou em centros culturais do bairro.

A montagem de uma exposição começa com a confecção de painéis. E o que eles podem conter? O nome do entrevistado, em destaque; breves informações biográficas suas; fotos de diferentes momentos de sua vida; alguns trechos marcantes da entrevista; e até a história de vida, na íntegra, como um livreto colado ao painel. Tudo isso pode ser feito com o uso de apenas uma cartolina, algumas canetas e criatividade. Nesses casos, o estudante deverá refletir sobre as diferentes possibilidades de sintetizar e chamar atenção para seu trabalho tão árduo, agora reduzido à forma de um painel.

Tendo um conjunto de murais em mãos, esses trabalhos podem ser reunidos em uma exposição em que todos os entrevistados e entrevistadores estejam representados.

A mostra pode também ser temática. Nesse caso, o professor deve discutir com os alunos quais foram os assuntos mais recorrentes nas entrevistas, aqueles que mais despertaram sua atenção ou que estejam mais ligados aos conteúdos de interesse naquele momento do ano letivo. Em seguida, os alunos selecionam os trechos de todas as entrevistas que tratam do tema – e montam painéis individuais em que esses trechos são colocados ao lado da foto, do nome do entrevistado e de outros materiais possivelmente relevantes.

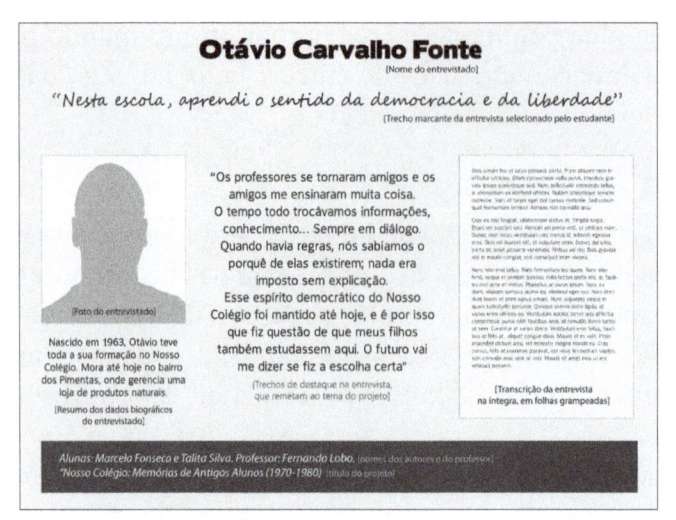

Figura 10 – sugestão de painel para exposição das histórias dos entrevistados

As exposições podem também ser sonoras: instalando-se um aparelho de som que reproduza os testemunhos gravados, o público terá contato com o universo de sons escutado pelos alunos-pesquisadores. Se os entrevistados mencionam objetos em suas entrevistas, eles podem ser solicitados como empréstimo, ou suas fotos podem ser acrescentadas à exposição.

Oferecemos aqui um modelo de estrutura para um painel feito em cartolina, no tamanho padrão de 50 cm x 66 cm, em formato paisagem (na horizontal). Nesse modelo, o aluno pode combinar vários elementos em seu painel, que pode ser criado como atividade conjunta com a disciplina de Artes.

Apresentações públicas

São muitas as ocasiões possíveis para a apresentação oral, em público, dos resultados da pesquisa. Nesses casos, a oralidade e a performance da entrevista voltam à cena, vivas. Os alunos-pesquisadores podem preparar pequenas sessões artísticas em que mesclem seu próprio relato a respeito da experiência de pesquisa com as falas dos entrevistados: podem comentar, em terceira pessoa, a vida de seus personagens e, em seguida, introduzir trechos das gravações. Esse é um modelo viável para apresentações em sala de aula, entre os próprios alunos.

Outras soluções performáticas podem ser adotadas, como a dramatização das histórias. Os alunos podem escolher episódios de uma ou de algumas das entrevistas e criar cenas a partir delas. Podem reencenar as histórias contadas, improvisando-as a partir do que ouviram na entrevista. A utilização textual dos relatos, bem como de outros elementos que possam ter surgido junto com eles (canções de época, objetos, imagens), pode ser preciosa. Esse trabalho pode ser feito em parceria com o professor de Artes ou com um grupo de teatro que atue na escola. É possível criar, inclusive, um espetáculo teatral inteiro, com base nas histórias recolhidas.

Hoje em dia, a contação de histórias também é uma forma de apresentação artística muito utilizada e que exige menos recursos e menor tempo de preparação do que uma peça de teatro – ainda assim, se bem desempenhada pelos alunos, pode emocionar e divertir a plateia. Outra sugestão são as leituras dramáticas das histórias, que podem ser divididas entre os alunos. Essas leituras podem funcionar de diversas formas: podem ser selecionados trechos das diferentes entrevistas, que falem sobre um assunto comum (os próprios entrevistadores podem ler), pode ser lida na íntegra a história de vida de uma única pessoa (e os leitores podem variar conforme o tema ou o período de vida do narrador), além de muitas variações desses esquemas.

Figura 11 – Cena da peça de teatro *Do outro lado do campo* [*Back Across the Fields*], baseada em um projeto de história oral conduzido por alunos de ensino médio da The Chantry High School, na Inglaterra. Os estudantes realizaram entrevistas e atuaram na peça junto a membros da comunidade entrevistada. [Imagem gentilmente cedida por Julia Letts, produtora do projeto].

Vídeo e rádio

Uma vez que as entrevistas são gravadas – seja em áudio, seja em vídeo –, é natural que elas possam resultar em pequenas peças multimídia: vinhetas, programas de rádio, *podcasts*, videodocumentários e vídeos para a internet. Com um computador adequadamente equipado e um *software* para edição de som e imagem (além da boa vontade e disposição dos interessados e de algumas habilidades tecnológicas), é possível criar produtos finais bem-acabados que encantem seus espectadores com o tratamento oferecido às histórias gravadas.

Essa poderá ser, também, uma boa oportunidade para discutir com os alunos o universo das mídias: como é feita a programação das rádios e tevês que nos circundam, que tipo de materiais elas privilegiam e quais são as lacunas deixadas, qual é o potencial da internet e das redes sociais para acrescentar outras criações ao que está em circulação nas grandes mídias. Ainda em uma etapa reflexiva, o professor pode trazer para a sala de aula materiais audiovisuais que demonstrem como as histórias narradas por pessoas têm sido tratadas e aproveitadas pelo universo midiático. Entre os materiais a que se poderá recorrer está o programa de tevê *Retrato Falado*, protagonizado por Denise Fraga, hoje disponível em DVD e constantemente reprisado em canais a cabo. Nele, histórias reais eram interpretadas pela atriz, que dividia a cena com os indivíduos relatando, em primeira mão, os episódios representados.

É útil que o professor saiba, ao partir para a prática, que existem na internet diversos programas gratuitos e de fácil manejo para edição de áudio e vídeo. Os sistemas operacionais instalados nos computadores também possuem, em geral, programas que cumprem bem essa função, considerando-se o uso no âmbito escolar. Esses *softwares* permitem, por exemplo, selecionar trechos de diferentes entrevistas e mesclá-los em um único arquivo; inserir a narração de um aluno ou grupo de alunos que servirá como condutor do produto audiovisual; acrescentar músicas, trilha sonora, vinhetas e efeitos sonoros; no caso do vídeo, inserir outras imagens, legendas e efeitos visuais. Esses recursos acrescentam vivacidade e expressividade à colagem de entrevistas.

Como já dissemos, devido à rapidez dos avanços tecnológicos, é cada vez mais comum que os alunos detenham um maior conhecimento sobre as ferramentas tecnológicas que seus professores – e esse é um momento precioso para intercambiar experiências e subverter, temporariamente, a ordem dos papéis de quem ensina e quem aprende. Além disso, o professor pode estabelecer parcerias com o professor de Informática, quando isso se aplicar àquela realidade escolar, tentando fazer com que os alunos aprendam a utilizar os *softwares* específicos e possam, dentro mesmo da escola, dar vida às suas criações.

Um programa de edição de áudio bastante popular e de fácil manuseio é o *Audacity*, que possui várias funcionalidades e efeitos e está disponível para *download* gratuito na internet. Alternativas podem ser encontradas no interessante livro de Marciel Consani, *Como usar o rádio em sala de aula* (2012), que mostra como o professor pode explorar, na teoria e na prática, a linguagem radiofônica em seu espaço de ensino. Para vídeo, uma boa opção de *software* é o programa Movie Maker, que normalmente já vem instalado nos computadores junto com o Windows. Uma alternativa para mesclar áudio e vídeo é utilizar programas que servem para fazer retrospectivas fotográficas, como o Power Point, que muitos alunos aprendem a usar em suas visitas às salas de informática.

Após finalizar as criações, existe um amplo leque de possibilidades para se difundir o trabalho. Se a escola possui uma rádio escolar ou uma rede de tevê interna, elas poderão veicular os programas com as entrevistas. Uma estação de rádio comunitária, interessada em matérias sobre as redondezas, também poderá ser procurada. Para todos os casos, existe o onipresente YouTube, em que criações de vídeo (e também de áudio) podem ser colocadas à disposição da audiência com poucos cliques. Tudo vai depender das habilidades dos alunos ou de eventuais colaboradores com o uso dessas ferramentas.

Um livro

A produção de um livro pode ser feita de forma tanto profissional como artesanal, podendo ter um número reduzido de exemplares ou uma grande tiragem.

A primeira coisa a fazer é apresentar aos alunos, preferencialmente com o uso de exemplos, a estrutura de um livro: suas características físicas, suas partes, etc. Seria interessante, também, mostrar a eles alguns exemplos de livros de história oral para que decidam os modelos de que mais gostam e de que menos gostam. No caso dos projetos feitos em sala de aula, todas essas características devem ser adaptadas e somadas à criatividade dos alunos.

Para que os alunos reconheçam as partes que compõem um livro, pode-se propor o rápido exercício de observar os livros que possuem na mochila, que já leram ou que estejam disponíveis na biblioteca da escola, a fim de identificar as principais características desse tipo de publicação. Algumas das partes importantes que eles devem reconhecer são: capa, contracapa, folha de rosto, sumário, capítulos, referências bibliográficas. Além disso, podem ou não existir no livro textos como: dedicatória, agradecimentos, prefácio, posfácio, orelhas, quarta capa. E também imagens: fotografias, tabelas e gráficos, ilustrações.

Sugere-se que o professor converse com os alunos e que os ajude a decidir que partes o livro produzido terá e, mais importante, qual será seu conteúdo: se ele irá apresentar as entrevistas na íntegra ou apenas parte delas; se todas serão mostradas ou se haverá seleção entre a classe; se elas serão acompanhadas por comentários dos alunos; se haverá uma introdução explicando o projeto; se serão utilizadas fotos ou outros recursos gráficos. Uma boa solução para projetos em que cada aluno fez sua própria entrevista é sugerir que cada um selecione um trecho que fale sobre um tema comum e reunir todos no livro. Ou seja, o livro girará em torno de um tema de interesse amplo. Dificilmente será possível publicar todas as histórias contadas na íntegra. Se se tratar de um projeto com um número reduzido de entrevistados (um trabalho em grupo, por exemplo), é possível pensar em editar as histórias completas.

Começa aí o processo de edição do material: a reunião do que foi coletado no projeto, a seleção do que será realmente utilizado, a listagem do material que ainda deverá ser produzido. As tarefas podem ser divididas em grupos. Os alunos com mais habilidades no desenho podem, por exemplo, ilustrar as histórias. Outros podem fazer fotografias inspiradas nas histórias (ou usar as imagens fornecidas pelos entrevistados). Aqueles que gostam de quadrinhos (mangá, *graphic novels*, etc.) podem adaptar uma das histórias para esse formato.

Algumas escolas privadas contam com recursos para confeccionar esse tipo de trabalho: por exemplo, um profissional de design gráfico que poderá digitalizar as imagens em um *scanner* e diagramar o material em programas de uso profissional; uma gráfica que imprima o material profissionalmente. É possível que isso não seja uma alternativa, e, assim, pode-se tentar estabelecer parcerias locais (papelarias e gráficas no bairro, por exemplo, ou diretorias de ensino e prefeituras) para viabilizar o projeto de publicação dos alunos (que pode ser de grande interesse da comunidade). Além disso, uma solução mais simples é a produção de livretos artesanais, manuscritos ou digitados; impressos ou fotocopiados. Nesse sentido, a fotocopiadora da escola poderá ser de grande ajuda.

Não sendo possível produzir uma tiragem grande de livros, a sugestão é que os alunos trabalhem criando um único exemplar, que pode circular entre eles e, posteriormente, ser doado para a biblioteca da escola ou do bairro, ficando à disposição de todos.

Algumas escolas possuem seus próprios jornais de circulação interna, produzidos com a colaboração dos alunos. Pode-se propor que uma das edições do jornal seja voltada à divulgação de um ou mais produtos finais do projeto de história oral.

Dependendo do caso, é interessante organizar uma tarde de autógrafos e uma sessão de lançamento na escola – em que os alunos também possam falar sobre seus trabalhos para a comunidade (colegas, professores, familiares, etc.). É imprescindível convidar, pessoalmente, cada uma das pessoas entrevistadas para esse tipo de evento. Os alunos devem sempre se lembrar de que, sem a colaboração de seus entrevistados, o projeto não teria sido possível.

A internet

A internet é muito mais que *um* recurso para a difusão das histórias. Ela é um universo de possibilidades no qual cada aluno ou grupo pode encontrar o modelo com que mais se identifica. Trata-se de um espaço que entusiasma, porque permite que se alcance um número bastante significativo de pessoas, sem restrição de localidade geográfica, e uma poderosa interação com os outros a partir daquilo que está sendo divulgado.

Uma primeira possibilidade eficaz de uso da internet em trabalhos de história oral consistiria nos *websites* tradicionais, compostos por várias páginas, com conteúdos que qualquer usuário pode acessar. Nesse sentido, pode-se pensar a internet apenas como outra possibilidade de publicação das histórias (só que, ao contrário do que ocorre com o meio impresso, há a possibilidade adicional de modificá-la periodicamente, corrigir erros, fazer adaptações, etc.). Porém, os *websites* apresentam desvantagens: são mais difíceis de ser criados e gerenciados do que os *blogs*, por exemplo; e quase sempre não possuem uma funcionalidade importante para um projeto de difusão de entrevistas: a interatividade.

Há saídas que permitem um novo diálogo, para além daquele estabelecido nas entrevistas – um diálogo com o público receptor. O conceito da Web 2.0 é o de permitir que o receptor do conteúdo possa não apenas se relacionar com o produtor, subvertendo a noção clássica dos sistemas de comunicação, mas interagir diretamente com o próprio conteúdo, através de recursos como o de comentários e customização.

Existem vários *sites* interessantes que podem funcionar para a efetivação dessas ideias. O melhor deles é o WordPress, que possui as mesmas funcionalidades de um *blog* tradicional, operando com plataforma de agregação de outras criações. O registro no sistema é fácil de fazer, e, em minutos, pode-se colocar *on-line* vídeos, áudio, fotos, etc. Ele permite que várias pessoas administrem um mesmo *site* simultaneamente, e que qualquer pessoa autorizada modifique o conteúdo (mediante ou não a autorização de um moderador, como o professor).

Criado um *blog* ou um *website*, o aluno pode utilizar, ainda, outros recursos para popularizar seu conteúdo: pode divulgá-lo pelo Facebook ou pelo Twitter, produzir clipes sonoros ou audiovisuais para o YouTube, difundir imagens das entrevistas através do Tumblr ou do Instagram, criar uma lista de discussões sobre histórias de vida no

Google Groups (lembrando sempre que, para a divulgação de imagens de terceiros, será necessária autorização).

O uso da internet também é interessante por estimular nos estudantes uma reflexão sobre as especificidades da linguagem nesse meio, isto é, sobre o que "funciona" e o que "não funciona" em um suporte ou em outro. Por exemplo: algumas pessoas podem se interessar por ler uma entrevista inteira – mas, na internet, elas precisarão ser divulgadas através de um pequeno trecho em destaque, ao lado de uma imagem; ou de um clipe de 30 segundos no YouTube. O aluno aprende a selecionar e a criar para a internet trechos concisos com os quais o público possa interagir de maneira mais imediata antes de ser fisgado para o âmbito das histórias completas. Na internet, muitas vezes, o mínimo é o máximo.

Avaliando um projeto de história oral

Sendo uma prática íntima, fundada no diálogo e no intercâmbio não só de informações, mas de emoções, a história oral usada em sala de aula pode, à primeira vista, parecer incompatível com o momento da avaliação. Todo o esforço empreendido por alunos e professores tem, em si, de fato, um valor inegável, difícil de ser calculado. Porém, a riqueza e o fascínio do exercício não podem apagar a realidade de que se trata, afinal, de uma tarefa escolar complexa que deve ser avaliada como tal. Identificar êxitos e problemas faz parte do processo de ensino-aprendizagem, e é fundamental para investigar como o estudante compreendeu, transformou e produziu conhecimentos. Da mesma forma, consiste em um recurso importante para que os responsáveis pelos projetos de história oral na escola possam buscar o seu aperfeiçoamento em iniciativas futuras. Assim, a avaliação das produções resultantes de projetos de história oral escolares tem um caráter formativo que vai muito além dos estudantes, alimentando a reflexão dos professores sobre o processo e apontando caminhos para suas incursões pela história oral com seus futuros alunos.

A avaliação deve ser feita de forma clara, contínua e integrada, dirigindo-se a todos os indivíduos envolvidos e abrindo espaço para que cada um dos participantes demonstre aquilo que efetivamente aprendeu. Os critérios de avaliação devem ser informados aos alunos preferencialmente no início do trabalho. Caso eles sejam alterados no decorrer do processo – o que é muito comum, em vista das eventuais mudanças de rumo sofridas pelos trabalhos de pesquisa –, é muito importante que os alunos sejam sempre informados sobre a avaliação. Isso fortalece a relação de confiança entre alunos e professores, além do próprio envolvimento com o trabalho, de maneira substancial.

Na preparação dos instrumentos de avaliação, o ideal é que eles sejam mostra do desejo de efetivar uma leitura diagnóstica do trabalho, capaz de agir sobre ele e sobre seus autores, possibilitando o esclarecimento, a apropriação conjunta do momento avaliativo, a percepção do próprio papel no conjunto do trabalho e a crítica sobre o que poderá ser modificado no futuro.

Como já dissemos, no uso pedagógico da história oral, o processo é tão importante quanto os produtos obtidos. Dessa forma, a avaliação deve ocorrer ao longo de todo o desenvolvimento, e não somente diante das produções finais dos alunos. Os exercícios de sensibilização e as sequências didáticas apresentados ao longo desta Parte 2, por exemplo, também podem representar momentos avaliativos no decorrer do processo, bem como as produções das várias etapas envolvidas no trabalho (transcrição, textos analíticos e diversos produtos para a divulgação dos achados da pesquisa). A decisão sobre o que, como e em que momentos avaliar cabe inteiramente ao professor ou aos professores envolvidos no projeto.

A seguir, apresentamos algumas sugestões de avaliação que entendemos múltiplas, que contemplam alunos e professores – duplamente formativas, portanto – e que podem ser realizadas ao longo ou ao final do processo de trabalho, clivadas em partes menores ou adaptadas às demandas pedagógicas de cada professor.

O estudante lê o resultado

O aluno pode ser convidado a produzir uma avaliação a respeito do resultado de seu trabalho. Ela servirá, simultaneamente, como autorreflexão e como instrumento para uma avaliação mais completa por parte do professor. Entre as perguntas que o estudante poderia responder, estão:

- Quais são os principais assuntos tratados na entrevista?
- Faça um resumo da narrativa do entrevistado.
- Quais são os pontos fracos e os pontos fortes da entrevista, sob o ponto de vista de sua contribuição para o projeto escolar?
- O que esta fonte informa sobre um determinado assunto e como se relaciona com outras fontes? O que ela traz de novo em relação aos temas tratados?
- Quais os elementos importantes que estão ausentes da entrevista?
- Que tipo de continuidade pode ser dada à entrevista que você realizou?

O estudante lê o processo

Esta é uma das etapas mais instigantes do processo avaliativo. Assim como ocorre com as entrevistas, ela utiliza questões amplas e abertas, que dão espaço para que o estudante relate sua experiência no trabalho com história oral:

- Como se deu o contato inicial com o narrador? Por que você decidiu procurá-lo?
- Qual foi sua sensação ao conduzir as entrevistas? Você achou que estava preparado para fazê-la, conhecendo bem os temas que eram mencionados?
- Do que você sentiu falta? Algum treinamento adicional em história oral teria sido útil?
- Que equipamentos e materiais você utilizou para gravar a entrevista? Você teve dificuldade em lidar com algum desses materiais?
- Ocorreu algo inesperado ao longo da entrevista ou dos contatos com o entrevistado?
- Como você contornou ou lidou com possíveis imprevistos ou dificuldades?

- Que anotações você fez durante a entrevista? Elas foram úteis? Em que sentido?
- O que você esperava aprender, e o que efetivamente aprendeu, com a experiência da história oral?
- Do que você mais gostou nessa experiência?
- Após a entrevista, você teve algum novo contato com o entrevistado?
- O que você descobriu sobre si mesmo ao fazer essa entrevista?

O professor lê o resultado

Critérios comumente utilizados em processos avaliativos – rigor, pontualidade, apropriação de conhecimentos – podem ser utilizados nesta etapa pelo professor, que pode formular uma planilha de avaliação a partir de itens como os seguintes:

- A entrevista foi plenamente realizada?
- O aluno atendeu às solicitações do projeto com pontualidade?
- As questões feitas eram relevantes e bem-formuladas?
- A gravação estava em boas condições técnicas?
- O cabeçalho – com data, local e nome do entrevistador – foi registrado oralmente na gravação?
- As mídias (fitas, CDs ou DVDs) foram identificadas?
- A transcrição foi apresentada adequadamente? Havia erros ortográficos ou gramaticais? Como o aluno representou, por escrito, as marcas orais da entrevista?
- Os documentos, como a ficha do entrevistado e a carta de cessão, foram preparados e preenchidos de forma adequada e cuidadosa?
- O aluno demonstrou maturidade, sensibilidade e capacidade interpretativa na análise dos relatos orais?
- Houve empenho, por parte do aluno, em socializar o conhecimento produzido a partir do projeto de história oral, através dos produtos finais? Quais foram os formatos selecionados

para esses produtos? Eles foram preparados adequadamente pelo aluno, conforme as especificidades de cada suporte (livro, apresentação oral, exposição, etc.)?

O professor lê o processo

Quando participa do projeto de pesquisa juntamente aos seus alunos, o professor tem condições de avaliar o amadurecimento, a iniciativa e a reflexão que eles empreendem ao longo do trabalho. Isso também deve ser levado em consideração na avaliação, durante a qual o professor pode se perguntar:

- O estudante aprendeu a manejar adequadamente as técnicas e os equipamentos ligados à prática da história oral?
- O estudante mostrou responsabilidade e sensibilidade no contato com os entrevistados?
- O aluno demonstrou maturidade e autocrítica ao avaliar a própria entrevista?
- Como o estudante lidou com situações imprevistas durante o processo de trabalho?
- Como foi sua evolução, em termos do desenvolvimento esperado das habilidades para a disciplina, ao longo do desenvolvimento do projeto?
- O aluno percebeu as deficiências do trabalho e tentou corrigi-las? Questionou o conhecimento que ele mesmo produziu?

Avaliação em grupos

Nesse tipo de avaliação, mais objetiva que as anteriores, os integrantes de um grupo poderão contribuir na avaliação dos demais. Os professores podem instruir seus alunos para que se reúnam com os colegas e discutam a participação de cada um deles no processo, da pré-entrevista à pós-entrevista.

Combinando esses e outros instrumentos, da maneira que melhor se adaptar a suas práticas em sala de aula, o professor reconhece o valor que o trabalho com história oral tem em si mesmo, sem se eximir de uma crítica e de uma autocrítica, fundamentais para o amadurecimento dos alunos, do processo de trabalho e para a frutificação de novos projetos no futuro.

Alguma dúvida?

Tentamos cobrir, nesta segunda parte do livro, as etapas pelas quais o educador e seus alunos passarão ao tentarem implantar um projeto de história oral na escola. O professor, porém, talvez deseje saber mais – e, nesses casos, pode simplesmente pedir ajuda. Inúmeras universidades, públicas e privadas, têm profissionais com experiência em história oral em seus quadros. Muitos deles estariam dispostos a doar uma parte de seu tempo para um projeto. Como as universidades se preocupam cada vez mais em engajar seus docentes em atividades de extensão, o quadro é receptivo – essa é uma maneira como os professores universitários podem atuar, "estendendo" aquilo que fazem para a comunidade em geral.

Não se acanhe: use a internet para procurar um professor ou um estudante de pós-graduação e escreva perguntando se ele estaria disponível para uma consultoria ou uma simples palestra para os alunos. Se a escola tiver recursos para o projeto, esse profissional poderá ser remunerado; se não, há professores e estudantes que oferecem isso como um serviço à comunidade. Por outro lado, não abuse: seja específico em sua solicitação e não peça mais do que você próprio doaria do seu tempo. Mas antes de pedir auxílio, faça aquilo que sabemos: procure descobrir por si só. E a primeira forma de conhecer é lendo mais. Ao longo deste livro, fazemos diversas sugestões de materiais que o professor pode acessar para ampliar seus conhecimentos sobre o tema.

PARTE 3

O QUE SÓ AS HISTÓRIAS CONTAM: FONTES ORAIS NA SALA DE AULA

O potencial pedagógico da história oral é geralmente explorado em função de variações do modelo apresentado na parte anterior: os alunos são convocados a fazer entrevistas e a aprender com a experiência de entrevistar, com os resultados da pesquisa e com o conhecimento que produzem. Nesta parte, rumamos em direção a uma segunda via de aproveitamento das fontes orais: o uso de entrevistas prontas, consolidadas, passíveis de ser integradas aos conteúdos curriculares e a outros circuitos de informação.

Vimos que a experiência de realizar entrevistas é rica em uma variedade de aspectos; porém, mesmo que os alunos não assumam o papel de entrevistadores, promover seu contato com entrevistas feitas por terceiros consiste em recurso poderoso. Defrontados com narrativas pessoais, os alunos se engajarão com um tipo de material ao qual nem sempre estão acostumados. Não serão mais as narrativas frias, neutras, geralmente em terceira pessoa, de surpreendente coerência, de boa parte dos livros didáticos.

> As histórias orais encontradas em livros ou arquivos, feitas por outras pessoas, contêm em si mesmas a possibilidade de mostrar que existem vidas dentro da História e de fazê-la aparecer, aos olhos dos alunos, mais inquietante. Em vez do texto filtrado dos livros, os estudantes ouvirão a voz de protagonistas e de testemunhas da história, tendo de tratar seus relatos sobre o passado e suas experiências únicas de acordo com suas especificidades.

O uso de entrevistas em sequências didáticas facilita a compreensão de que o conhecimento histórico não consiste em uma reconstituição exata, verídica, precisa, incontestável, do passado. Mostra, na verdade, que o que existe é um passado plural que deve ser refletido em um conhecimento também plural. O trabalho com as sequências aponta para a necessidade de combinar fontes, de ampliá-las, de somá-las a outros conjuntos de informação. Ele sugere que uma única entrevista não é capaz de contar uma história por inteiro; que nenhuma fonte o faz, na realidade.

As fontes orais no ensino

Qualquer professor tem condições de preparar suas aulas com a inserção, nos materiais que tradicionalmente utiliza, de fontes orais. Várias publicações, vídeos e recursos eletrônicos (indicamos alguns deles ao longo deste livro) podem servir como um grande acervo do qual o professor pode extrair relatos para inserir em seu planejamento didático, conforme as necessidades e as características de suas turmas.

Um professor norte-americano chamado Glenn Whitman, por exemplo, decidiu introduzir a história oral em sala de aula para ensinar aos seus alunos a história americana do século XX. Para isso, utilizou um livro do escritor Studs Terkel com variados depoimentos de cidadãos a respeito de suas vidas, naquilo que elas se entrelaçam a acontecimentos sociais como a Grande Depressão, a Segunda Guerra Mundial e os movimentos pelos direitos civis nos Estados Unidos. Outros livros de depoimentos, sobre a Guerra do Vietnã ou sobre a vida das mulheres antes do movimento feminista, também foram utilizados na aula. Ao relatar sua experiência, o professor disse, bastante satisfeito, que "em todos os casos, os estudantes viram essas fontes como algo animador, como um intervalo envolvente para o livro didático" (WHITMAN, 2011, tradução nossa).

No Brasil também existem iniciativas semelhantes. Os pesquisadores Verena Alberti e Amílcar Araújo Pereira realizaram um longo e importante projeto de pesquisa com militantes do movimento negro no Brasil, que deu origem ao livro de história oral *Histórias do movimento negro no Brasil* (2007). Os materiais resultantes do projeto ampliaram seu conhecimento e o de seus leitores a respeito da história desses movimentos em nosso país. Os pesquisadores, porém, somaram ao projeto outra preocupação: a de produzir material didático a partir das entrevistas que recolheram, oferecendo aos professores um aparato que aproximasse os alunos das histórias mais concretas, isto é, apresentando a eles aquilo que a pesquisadora Verena Alberti chama de "histórias dentro da história". Além disso, o trabalho contribuiu para diminuir a escassez de materiais instrucionais a respeito das relações raciais no Brasil.

> ALBERTI, Verena. *Manual de história oral*. Rio de Janeiro: Editora FGV, 2005.
>
> Publicado pela primeira vez em 1990, é o mais influente guia prático para o estabelecimento de projetos e programas de história oral. Ele enfatiza os aspectos técnicos do trabalho com entrevistas, oferecendo valiosas instruções para a captação, o armazenamento e a conservação de gravações, com conteúdo atualizado em suas edições posteriores. A leitura pode ser complementada por *Ouvir contar: Textos em história oral*, em que a mesma autora explora os aspectos teóricos do trabalho com história oral.

Lidando com fontes orais já estabelecidas e abordando-as criticamente a partir de um problema de pesquisa, os alunos também compreenderão que as fontes não oferecem informação clara, direta, em estado burilado, ao historiador – mas sim que cada historiador interpreta as fontes, e que o conhecimento que qualquer livro lhe oferece não é uma verdade inequívoca, mas fruto de interpretações.

> O uso de fontes prontas não dispensa a cuidadosa instrução dos alunos a respeito do tipo de material com que se está lidando. Eles deverão ser expostos, no trabalho com história oral, aos conteúdos em jogo: deverão compreender o que são fontes orais e quais são suas especificidades, identificar um problema de pesquisa que oriente a leitura dos materiais, compreender a existência das histórias orais em relação a suas condições de produção e a sua natureza dialógica.

Vale lembrar aos alunos, ainda, que as fontes não falam por si: é preciso fazer perguntas a elas. Muitas vezes, a própria experiência de realização de entrevistas, tal qual proposta na Parte 2, pode encaminhar o estudante a uma espécie de fascínio com as histórias, a uma idealização dos relatos, como se eles fossem portadores de dados incontestáveis. Na realidade, depois de se depararem com a força das experiências contadas, os estudantes precisam retomar seu olhar analítico, apropriando-se delas e avaliando-as de maneira crítica. Nenhum tipo de fonte é a história em si – é, na verdade, um elemento que contribui para o processo de construção de conhecimento.

Entrevistas feitas por outras pessoas atendem plenamente a essa finalidade, abrindo caminho para mais uma forma de se trabalhar com história oral na escola. Para o professor, esse modelo de "história oral passiva" representa, de toda maneira, um desafio igualmente grande: ele se depara com a tarefa de pensar como as fontes orais podem ser integradas ao material didático. É muito comum que, em situações de ensino, o educador e seus alunos se defrontem com uma imagem, uma gravura ou um texto (literário ou não), propostos no livro didático para ser lidos e analisados em sala de aula. Porém, o que eles fariam se tivessem em mãos uma entrevista de história oral?

Quando o professor achar por bem levar um relato para a sala de aula, somando-o às demais referências de que dispõe para abordar um conteúdo, precisa ter mente algumas preocupações:

1. Ao expor trechos de entrevistas, o professor precisa oferecer aos estudantes dados sobre sua origem. Um resumo geral, ainda que breve, é bem-vindo: informações sobre o narrador, os tópicos

abordados na totalidade da entrevista, o projeto dentro do qual foi originado, a data de gravação, a extensão da entrevista. Quando possível, os alunos podem ser convidados a acessar o relato na íntegra – o professor pode indicar o livro ou o endereço na internet de onde o extraiu, ou mesmo fazer uma cópia para circular entre os alunos. Isso é importante para que eles compreendam em que contexto o trecho se insere e dentro de que lógica de pesquisa ele foi gerado.

> Não há nada de errado em utilizar partes de relatos em sala de aula (na qual o tempo é um fator frequentemente limitador), mas o ideal é que eles sejam complementados e contextualizados.

2. Um segundo cuidado que o professor deve ter é o de estar minimamente familiarizado com os temas e com os tempos que aparecem nas histórias. Uma entrevista é regulada, entre outras coisas, por sua relação com o momento histórico no qual foi produzida. É importante, portanto, que o professor esteja preparado para discutir essa relação e para oferecer uma apreciação histórica dos assuntos tratados.

3. É fundamental que o educador tenha o cuidado de não sugerir aos alunos que o relato oral é um "resumo" ou um "modelo" da história mais ampla. Os estudantes não podem sair da sala de aula entendendo que os trechos apenas "ilustram", concretamente, um processo histórico ou um acontecimento. O ideal é que eles consigam compreender que histórias orais são um material que está em diálogo com todo o conjunto de registros acerca do assunto estudado, não sendo meramente um substituto para eles. As histórias orais não podem ser absorvidas como interpretações prontas que exemplificam um evento – mas sim como documentos sobre esse evento, aos quais os próprios alunos deverão atribuir sentido.

4. Finalmente, sugere-se que o educador evite dar às histórias orais primazia sobre outras fontes de informação. É fundamental que apresente outros materiais com os quais as entrevistas sejam complementares e ganhem mais sentido. Expostos a uma variedade de fontes, os alunos terão mais facilidade de compreender em que os relatos se assemelham a outros materiais e em que se diferenciam deles, o que informam e o que ocultam, quais são suas vantagens e desvantagens na abordagem de cada tema.

Se esses pressupostos forem levados em conta, o educador terá grandes possibilidades de êxito na inserção das fontes orais em sua disciplina. E, considerando o vasto leque coberto por projetos de história oral cujas entrevistas estão à disposição para acesso público, as possibilidades temáticas são praticamente inesgotáveis. A partir de arquivos de entrevistas já existentes, o professor poderá introduzir vozes nas abordagens da economia brasileira ou da Ditadura Militar no Brasil, da ocupação territorial de nosso país ou das ondas migratórias que nele tiveram lugar, das modificações na educação e da saúde e medicina, das variadas formas de expressão artística ou do desenvolvimento tecnológico. Não há limites para os temas a respeito dos quais podemos escutar.

> São vários os arquivos de entrevistas disponíveis na internet, que podem ser utilizados pelos educadores para a elaboração de sequências didáticas baseadas em fontes orais. Alguns deles são:
> ArqShoah (http://www.arqshoah.com.br). O arquivo reúne histórias orais com dezenas de sobreviventes do Holocausto e do antissemitismo que migraram para o Brasil.
> Centro de Pesquisa e Documentação de História Contemporânea do Brasil (http://cpdoc.fgv.br). Acervo *on-line* composto por quase mil entrevistas, principalmente sobre as histórias política e institucional do Brasil.
> Centro de Referência em Educação Mário Covas (http://www.crmariocovas.sp.gov.br). Oferece histórias de vida de professores da rede pública do estado de São Paulo.
> Museu da Pessoa (http://www.museudapessoa.net). Possui milhares de entrevistas com temática variada.
> Núcleo de História Oral da UFMG (http://www.fafich.ufmg.br/historiaoral/). Acervo variado, com destaque para entrevistas com trabalhadores manuais sobre ofícios que estão desaparecendo.
> Telling Their Stories (http://www.tellingstories.org). Ideal para a disciplina de Língua Inglesa, apresenta entrevistas feitas por alunos com idosos da cidade São Francisco, nos Estados Unidos.

Com base em nossos próprios trabalhos de campo e em outras pesquisas que conhecemos, elaboramos algumas sequências didáticas que podem ser trabalhadas transversalmente, em diferentes disciplinas. Em cada uma delas, expomos uma introdução ao tema em questão – indicando como eles têm sido tradicionalmente apresentados e ensinados ou qual é a percepção pública geral sobre eles. Em seguida, introduzimos as fontes orais, a fim de demonstrar como elas descortinam a complexidade de cada um dos assuntos. A proposta é estimular a reflexão, o debate e a percepção crítica, por parte dos estudantes, em torno de temas candentes.

Essas sequências também poderão ser utilizadas pelo educador como sugestão de formato para outras atividades que ele venha a elaborar, empregando outras coleções de histórias orais. Nessas sequências, o aluno deverá manejar as fontes de maneira a analisá-las, interpretá-las. A meta é que se possa discutir: o que as histórias orais nos ensinam sobre determinados temas? Por que elas são importantes? Como elas se relacionam a outras fontes e ao que já sabemos sobre certos assuntos?

Preconceito e diversidade

Nos últimos tempos, tem havido uma busca cada vez maior pelo reconhecimento e pela valorização de grupos minoritários no Brasil. Além da reivindicação por igualdade de direitos e oportunidades, discursa-se em favor da consideração desses grupos dentro de uma perspectiva cultural mais ampla, mais diversa, menos absoluta. Com isso, ideias universalizantes a respeito de identidades de grupo têm sido desafiadas. O que se tem celebrado é a pluralidade cultural, a diversidade, a heterogeneidade e a exposição das diferenças. Ao mesmo tempo, discutem-se formas de minimização dos preconceitos contra o "diferente" e da formação de estereótipos.

No caso do Brasil, os negros e os indígenas historicamente têm sido os grupos mais atingidos pelo preconceito e pela injustiça, mesmo que, hoje, não possamos distinguir claramente quem é negro, índio ou branco. Mais recentemente, outros grupos têm sido alvo de intensa discriminação no Brasil: é o caso de imigrantes de países pobres da América Latina e da África, tais como os bolivianos e os angolanos, que têm chegado aqui recentemente. O mesmo acontece com nordestinos na região Sudeste, para a qual migram desde o início do século XX. Além disso, há várias formas assumidas pelos preconceitos de classe, de gênero e de sexualidade.

Em função da mistura cultural no Brasil – base, inclusive, do chamado "mito da democracia racial" –, a experiência identitária é muito variada. Um indivíduo que seria considerado negro em um país como os Estados Unidos aqui poderia ser considerado mulato ou pardo. Isso por várias razões: misturas intensas; tentativas de driblar o preconceito por meio do "branqueamento" na sua autoidentificação; identidade baseada em sutis gradações de cor de pele e de outras características físicas, diferentemente de outros países.

Partindo dessas breves considerações, e de outras que julgar pertinentes, o professor pode realizar experiências com produção de entrevistas ou com entrevistas já feitas por outros pesquisadores, orientando os alunos a pensarem nas seguintes questões:

- O entrevistado se identifica com algum grupo específico? Seria de acordo com sua aparência física ou com aspectos culturais de sua vivência, ou ambos?
- A noção de identidade do entrevistado mudou ao longo das gerações de sua família e de sua própria vida?
- Há mistura de tipos físicos ou de origens culturais na família do entrevistado? Como isso ocorre, e quais são as consequências disso na vida dele?
- O entrevistado afirma ter experimentado algum tipo de preconceito ou discriminou alguém por sua origem?

Além dessas questões gerais, há tópicos que podem ser explorados em articulação com cada entrevista, especificamente.

Uma primeira proposta que pode ser atrelada a essa sequência didática deriva da seguinte entrevista com a atriz e cantora Zezé Motta, um dos ícones da busca de igualdade de direitos entre negros e brancos no país:

Entrevista – Zezé Motta

"Não gosto de ditadura nem de patrulha, vinda de lado algum. Sou de uma facção do movimento negro que não fecha com radicalismos. Já tive problemas, dentro do movimento, quando estava casada com um homem branco. Fiquei muito chateada, mas perguntei simplesmente se estávamos querendo discriminar ou lutar contra a discriminação. Sou do movimento negro, mas não tenho paciência para radicalismos. [...]
Como atriz, já não vivo mais o problema de fazer um só tipo de papel. Botei a boca no mundo e, de alguns anos pra cá, só interpreto a escrava ou a empregada se eu quiser. Tenho tido propostas para outras coisas: já fui gerente de um estaleiro, empresária, dona-de-casa, dona de uma pousada, executiva, mãe-de-família... Pessoalmente, não posso mais reclamar. Agora, já posso viver uma escrava ou uma empregada, porque o problema não era fazer esses tipos de papel, mas fazer só eles.
Tenho muito orgulho de ter tido coragem de denunciar esse estigma do ator negro na distribuição de papéis, e também de ter criado o CIDAN, Centro Brasileiro de Informação e Documentação do Artista Negro, que foi uma forma de parar de reclamar e tomar uma atitude para virar o jogo. Por sorte, fiz um curso de cultura negra com a saudosa Lélia Gonzalez, uma antropóloga negra que dava aulas na PUC. Na primeira aula, ela disse: "Não temos mais tempo para lamúrias. Temos que arregaçar as mangas e virar esse jogo". Essas palavras nunca saíram da minha cabeça... Considero a Lélia minha guru, porque foi a partir daí que percebi que tínhamos que fazer alguma coisa em vez de ficar reclamando da vida ou esperar por uma atitude paternalista. Tenho muito orgulho da minha geração do movimento negro – que, na verdade, é o negro em movimento. Em vez de ficarmos patrulhando os outros ou reclamando do que acontece, cada um fez alguma coisa para virar o jogo."
(Trecho de entrevista com a atriz e cantora Zezé Motta, entrevistada por Ricardo Santhiago. SANTHIAGO, Ricardo. *Solistas dissonantes: história (oral) de cantoras negras*. São Paulo: Letra e Voz, 2009. p. 208-209.)

Após fazer uma introdução sobre os diferentes grupos e culturas que se encontraram e se imiscuíram no Brasil, propõe-se que o professor peça aos alunos que leiam o trecho citado. Partindo da narrativa de Zezé Motta, diversas questões em torno do preconceito racial em nosso país e da construção histórica do preconceito podem ser propostas. A ideia é que se avalie em que a entrevista contribuiu para ampliar o conhecimento do estudante sobre o tema.

Um modelo de ação possível consiste em:

1. Propor aos alunos que realizem pesquisas a respeito da biografia de Zezé Motta, prestando atenção, especialmente, à sua carreira como atriz e aos papéis que ela vem interpretando, nos diferentes momentos de sua vida.

2. Solicitar que eles delineiem uma tipologia desses papéis, buscando observar de que maneira a trajetória da artista se coaduna com sua afirmação de que, hoje em dia, só interpreta escravas ou empregadas "se quiser". O mesmo deve ser feito com relação a mais um ou dois atores negros veteranos, dentre os quais se sugerem Antonio Pitanga e Chica Xavier.

3. Pedir que os alunos analisem as novelas exibidas atualmente na televisão, identificando que atores negros compõem seus elencos e quais são os perfis de papéis que desempenham. A mesma análise pode ser feita em relação a pelo menos dois atores negros jovens, como Lázaro Ramos, Taís Araújo ou Camila Pitanga.

Valendo-se desses materiais, os alunos poderão problematizar as afirmações da entrevista de Zezé Motta. Existe, ainda, discriminação contra artistas negros? Eles continuam sendo confinados a um tipo específico de personagem ou possuem uma variedade maior de escolhas? Que fatos históricos podem ter contribuído para modificar ou para dar continuidade à situação anterior denunciada por Zezé Motta? Qual é o papel que o Cidan, o Centro Brasileiro de Informação e Documentação do Artista Negro, e outros movimentos organizados podem ter tido no curso do tempo?

Vamos agora a uma segunda proposta de trabalho, dentro da mesma temática. No início da década de 1980, a pesquisadora Daphne

Patai veio dos Estados Unidos para o Brasil e entrevistou 60 mulheres cujas histórias formaram a base de um livro chamado *Brazilian Women Speak: Contemporary Life Stories* [As mulheres brasileiras falam: histórias de vida contemporâneas], publicado em 1988. Entre os 20 relatos publicados, está o de Alma e Júlia, duas irmãs, filhas da mesma mãe e do mesmo pai, com aparências diferentes: a primeira é branca; a segunda, negra. Contada em duas vozes, a história delas é um material muito interessante a ser trabalhado com os alunos:

> **Entrevista – Alma e Júlia**
>
> Alma – Aqui no Brasil existe um preconceito muito forte com relação a traços físicos, mas isso não é tanto uma questão de cor de pele, ou de você ter a pele realmente negra. Se você é morena, se tem a pele bronzeada, traços delicados e cabelo liso, você é considerada dentro das normas – branca –, o que é um pouco diferente do que acontece nos Estados Unidos. Aqui existe essa característica particular: se você tem a pele marrom clara e traços delicados, nariz e lábios finos, você não é discriminada nem rotulada como negra. Não é, não. Agora, se sua pele é como a da Júlia, ou um pouco mais escura, e você tem um nariz achatado, lábios grossos e cabelos crespos, você é ridicularizada.
>
> Júlia – Eu tenho o nariz fino, mas não sou vista como branca.
>
> Alma – O tipo físico da Júlia é chamado de sarará. Eu não tenho certeza das origens da palavra, mas é um termo pejorativo: pele parda, cabelos crespos, talvez olhos claros. O cabelo é chamado de "cabelo ruim": enrolado, grosso. Existe um preconceito forte com isso. Não tanto pela cor da pele, mas por certas características negras, acima de tudo o cabelo.
>
> Júlia – A pele também. E eles identificam o cheiro da pessoa por sua pele. Eles dizem, por exemplo: "Você fede. O cheiro da tua axila é igual ao de um negro". Até hoje as pessoas dizem isso, a sério.
>
> Alma – A ideia é que os brancos não têm esse cheiro – só os negros. Os brancos cheiram bem, cheiram a sabonete.

Júlia – E o preconceito aparece no dia-a-dia. Por exemplo, os negros não têm simplesmente uma boca, um lábio, mas sim uma beiçola – que vem de beiço, a palavra usada para os lábios dos animais. Os negros não têm um nariz; eles têm uma "fornalha" que está bem aberta. Não é um nariz fino, arrebitado, mas sim chato e com as narinas abertas. É a raça negra que tem essas características. Então, esses traços são transformados em pejorativos – fornalha e beiçola.

Alma – A hierarquia é essa: cabelo, nariz e boca – essas são as coisas principais – e a cor da pele depois. Eu sempre notei isso no Brasil. Acho que é um resultado da miscigenação, algo específico do nosso país. O que deixou a marca mais profunda em termos de opiniões negativas sobre os negros, em termos práticos, foi realmente essa coisa da boca, os lábios grossos, o nariz chato, o cabelo crespo. Se a Júlia não tivesse o cabelo crespo, se ele fosse liso, ela nunca seria identificada como descendente de negros, né, Júlia? Não! Porque ela é "morena". Na nossa casa nós temos um exemplo vivo dessa situação, de como isso marca as pessoas. Por exemplo: nós moramos juntas, mas primeiro ninguém nunca acredita que somos irmãs. Apesar de toda a miscigenação desse país, as pessoas não admitem isso abertamente. Nós aprendemos a lidar com isso, e ainda hoje temos que lidar. Quanto eu estou com ela: "Você é irmã dela?!?". Isso acontece toda hora. "Sim, sou". Às vezes nós explicamos: "é porque tem muita miscigenação na nossa família". [...]

Júlia – A Alma não parece muito ser da nossa família. Isso criou problemas entre a gente, porque eu era considerada a pretinha e ela era branca. Como se eu tivesse sido achada numa lata de lixo.

Alma – É um negócio muito sério, porque é difícil reestruturar tudo isso na cabeça, esse problema de reconhecer os dois lados. É uma coisa que a gente vai enfrentar a vida inteira.

Júlia – Eu sempre me identifiquei muito com a minha mãe, já que eu me pareço mais com ela – mas nem sempre tive certeza de ser filha dela. Eles costumavam brincar que eu tinha sido achada numa lata de lixo, porque eu era escura, eu era pequena. Imagine a competição entre nós duas! Eu costumava pensar que ela era a filha legítima e eu não.

Alma – Era uma brincadeira estúpida que a gente fazia quando criança, porque mesmo o jeito como éramos chamadas, os nomes carinhosos já eram discriminatórios. Eu era a "branquinha" e a Júlia era a "pretinha". Meu pai tinha esse hábito de me chamar de "minha branquinha" e chamar a Júlia de "minha pretinha".

Júlia – O nível de competição entre nós duas era enorme.

Alma – Havia outras linhas divisórias entre nós duas, também, que agora acabaram. Eu era a branca, a inteligente, a bem comportada, a intelectual da família. Eu era a boazinha. E ela era a encrenqueira, a arteira, a cheia de graças. Ela era a criança rebelde, malcriada, e eu era a típica certinha. Durante nossa vida inteira foi assim.

(Trecho de entrevista com Alma e Júlia, gravadas por Daphne Patai. In: PATAI, Daphne. *História oral, feminismo e política*. São Paulo: Letra e Voz, 2010. p. 35-39.)

O trecho dessa entrevista tem um grande potencial de exploração junto aos alunos: há temas ligados à autopercepção, ao preconceito e à discriminação racial. Algumas sugestões de assuntos a serem tratados incluem:

1. Partindo do relato de Alma e Júlia, que elementos culturais ou comportamentais são associados a características físicas?
2. O que foi modificado entre o início dos anos 1980, quando a entrevista foi coletada, em termos de compreensão da característica miscigenada do país e da integração entre diferentes etnias, e os dias de hoje? Através de que fontes de informação isso pode ser comprovado?
3. Quais são os termos que os alunos conhecem para a designação de características raciais? Como eles compreendem os diversos termos empregados por Alma e Júlia? De que maneira as ações afirmativas e as políticas de identidade contribuíram para inibir o uso de termos pejorativos? Qual é a opinião dos alunos sobre a associação de certos termos a comportamentos ofensivos?
4. O que essa entrevista nos ensina a respeito do caráter miscigenado de nosso país? E quais são as implicações dessa mis-

cigenação, aliada ao mito da democracia racial em indivíduos socialmente vulneráveis?

Um terceiro exercício consiste na leitura da entrevista do baiano Antônio Dantas Filho, realizada em 13 de abril de 2011 por Valéria Magalhães para um projeto intitulado *Lembranças de antigos moradores da Zona Leste de São Paulo: migrantes nordestinos e história de bairros*. A entrevista na íntegra está disponível em: http://each.uspnet.usp.br/gephom/Projetos/Entrevistas.pdf. Abaixo, reproduzimos um trecho selecionado dela.

> **Entrevista – Antônio Dantas Filho**
>
> Entrevistador – Isso tudo nessa cidade que o senhor nasceu, né [Coaraci/BA]?
>
> Antônio – É. Naquela região, regiãozinha na cidade pequena, né? Antes mais na cidade pequena, próxima uma da outra. Cidade modo de dizer, porque era tudo arraial, tudo arraial. E foi assim. Cresci e aí quando estava em 1961, eu resolvi e digo: eu vou pra São Paulo. Que a minha ideia era ir pro Rio de Janeiro, carnaval, aquele negócio todo, mas depois não.
>
> Entrevistador – Mas o senhor conhecia alguém aqui que já morava em São Paulo?
>
> Antônio – Sim. Já tinha um pessoal que já tinha vindo já pra aqui pra São Paulo.
>
> Entrevistador – É?
>
> Antônio – É. Sempre veio. Naquela época...
>
> Entrevistador – De que cidade?
>
> Antônio – Da minha cidade e cidades vizinhas também... Conhecidos, também pessoas que naquela época vinha de pau de arara, não tinha ônibus, não tinha nada... Era caminhão, pegava o pessoal de todo o sul da Bahia, do sertão também, pra trazer todo o pessoal aqui pra São Paulo. Então chegava aqui e tinha um grupo aqui em Guarulhos, vinha pra Guarulhos; tinha outro grupo aqui no Ermelino Matarazzo, vinha pro Ermelino Matarazzo; e também Santo Amaro... Toda a periferia da Grande São Paulo.

Entrevistador – Veio também de pau de arara?

Antônio – De pau de arara...

Entrevistador – E quanto tempo demorou?

Antônio – Saí de lá 11 de dezembro... Não... 5 de dezembro de 1961. Cheguei aqui dia 11 de dezembro de 1961.

Entrevistador – Nossa! Demorou uma eternidade...

Antônio – Demorou quase seis dias, veio uma família também... O pessoal olhando a criançada...

Entrevistador – Quem da sua família que veio?

Antônio – Só vim eu...

Entrevistador – Só veio o senhor? O senhor não era casado ainda?

Antônio – Não, não era casado não.

Entrevistador – Na época, deixa eu ver... O senhor tinha trinta e poucos anos...

Antônio – Tinha mais ou menos meus 27... 27 anos.

Entrevistador – Aí o senhor veio com essas pessoas, né? E quando o senhor chegou aqui o senhor desceu onde?

Antônio – Em Guarulhos, ali na Ponte Grande.

Entrevistador – O senhor sabia alguma coisa de onde o senhor estava descendo?

Antônio – Não.

Entrevistador – Como é que foi?

Antônio – Engraçado... Tanto um senhor que era lá do sul da Bahia também, tinha uma pensãozinha ali, né? Uma casa que o pessoal dormia lá e chamava pensão... Então, o pessoal dormia lá e eu falei: vou procurar serviço...

Entrevistador – Então já ia direto pra essa pensão?

Antônio – É. Pra essa e tinha outras mais no bairro também, mas daí era um senhor Enoque... [...]

Entrevistador – O senhor sentiu algum tipo de discriminação por causa do senhor ser da Bahia?

Antônio – Não... Eu sentia, mas eu não deixava em querer encorpar...

Entrevistador – O que é que as pessoas faziam que o senhor achava que era discriminação?

Antônio – Era o modo da pessoa conversar com você... Um modo assim...

Entrevistador – Jeito de falar? O senhor acha que foi difícil pro nordestino, né? Como o senhor estava falando...

Antônio – Ah, sim... Superdifícil pro nordestino. Só da briga... Só da encrenca.

Entrevistador – Quais as dificuldades principais pro nordestino em São Paulo?

Antônio – Ele procurar o jeito, procurar reagir da melhor maneira possível. Que é difícil pro nordestino, pra pessoa, é a ignorância mesmo, né? E sempre a raça humana sempre existiu na face da terra. Sempre existiu.

Algumas questões sobre o preconceito e sobre a história recente do Brasil, como as migrações internas, podem ser propostas a partir desse relato:

- Por que o senhor Antônio deixou a Bahia? O que há em comum entre sua vida e a de outros homens de sua origem e época?
- Como era sua vida antes de se mudar para São Paulo? Quais expectativas de mudança ele desenhava?
- Quais foram as condições de vida que ele encontrou em São Paulo? Que saídas ele encontrou para se colocar na nova morada?
- O senhor Antônio sofreu preconceito em São Paulo? Como isso aconteceu? Quais estratégias para lidar com o preconceito ele sugere ter desenvolvido?

Partindo da história do senhor Antônio, os alunos poderão ser conduzidos a uma série de questionamentos sobre o Brasil, desde a década de 1930:

- Quais são as diferenças econômicas e sociais entre as regiões brasileiras?
- Como essas diferenças impulsionaram a migração para São Paulo e outras regiões do Sudeste?
- Qual foi o impacto que essas migrações tiveram na vida daqueles que deixaram suas terras para vir para São Paulo e na sua família, que ficou no local de origem?
- Que tipo de discriminações o nordestino sofreu e sofre, ainda hoje, em São Paulo?

Com essa entrevista, o professor poderá levantar inúmeros temas em sala de aula que dizem respeito à história econômica e social do Brasil, a partir do começo do século XX, especialmente no que diz respeito à desigualdade social, ao preconceito e às migrações.

A linguagem da experiência

O mérito do uso pedagógico das entrevistas de história oral não se limita aos temas que um relato pode sugerir. Esse material também serve para o professor tratar de questões intrigantes do campo textual: como os gêneros textuais são definidos; de que forma a literatura se relaciona com outros sistemas e conteúdos; quais são os elementos necessários para destrinchar o sentido de um texto; quanto de contextualização é necessário para compreender uma obra literária; de que forma nossa recepção é moldada pelos elementos que circundam um trabalho escrito: sua apresentação, seu título, a capa ou o texto da orelha de um livro, etc.

As histórias orais nos mostram, também, o trânsito permanente entre a oralidade e a escrita. As narrações se apropriam, a todo tempo, de outras matrizes – orais ou escritas. Elas podem combinar episódios, antes escutados ou narrados separadamente, em uma nova e única lógica narrativa. Ao mesmo tempo, a literatura também se apropria da oralidade: recursos expressivos são empregados em criações textuais a fim de mimetizar a fala; o próprio formato da entrevista pode ser utilizado como a espinha dorsal de obras literárias.

Sabemos que a história oral se diferencia de outros textos testemunhais (como o diário, a carta, as memórias, a autobiografia) porque o espaço de narração no qual o texto toma forma deriva necessariamente do encontro, da situação de diálogo. Sabemos também que, a depender das opções estilísticas do pesquisador de história oral, esse diálogo pode ficar mais ou menos explícito.

Então, como é que se pode identificar um texto de história oral em sua relação com outros textos? Existe uma natureza específica desse tipo de produção? De que forma refletir sobre isso nos ensina sobre o caráter normalizado dos gêneros textuais?

Para abordar esses temas, alguns trechos de textos podem ser apresentados aos alunos – em um primeiro momento, sem identificação de autoria ou das obras das quais eles foram extraídos. Eis um conjunto possível de textos para uma sequência didática dessa natureza:

Texto 1

Eu sou seguida acompanhada imitada assemelhada
Tomada conta fiscalizada examinada revistada
Tem esses que são iguaizinhos a mim
Tem esses que se vestem e se calçam igual a mim
Mas que são diferentes da diferença entre nós
É tudo bom e nada presta

(PATROCÍNIO, Stela do. *Reino dos bichos e dos animais é o meu nome*. 2. ed. Rio de Janeiro: Azougue, 2009. p. 55. Texto originado de uma gravação oral provocada, mais próximo de uma entrevista do que de uma obra literária, com Stela do Patrocínio, interna de uma colônia psiquiátrica considerada especialmente criativa. As gravações foram transpostas para a escrita em versos pela poeta e filósofa Viviane Mosé, após a morte de Stela do Patrocínio, e publicadas em livro.)

Texto 2

Quando eu nasci
meu pai batia sola

minha mãe pisava milho no pilão
para o angu das manhãs.

Eu sou um trabalhador
Ouvi o ritmo das caldeiras...
Obedeci ao chamado das sirenes...
Morei num mocambo do "Bode"
e hoje moro num barraco na Saúde...

Não mudei nada...

(TRINDADE, Solano. *O poeta do povo*. São Paulo: Ediouro, 2008. p. 119. Poema de Solano Trindade, morto em 1974, que ao longo de sua vida atuou em diferentes áreas da vida artística, consagrando-se como "o poeta do povo".)

Texto 3

Seu Jorge eu tô me sentindo mal
um negócio mexendo na minha barriga
os médicos
um acusa que é filho
outro acusa que não é
mandaram eu bater radiografia da cabeça
aí me disseram que era câncer
na cabeça
aí eu fiquei logo nervosa
sem ser câncer
que eu não sinto nada na cabeça
sou boa
o que eu sinto é só esse bulir na minha barriga

(PATAI, Daphne. *História oral, feminismo e política*. São Paulo: Letra e Voz, 2010. p. 51. Transcrição em versos de um trecho do relato de Marialice, uma das mulheres brasileiras que a pesquisadora entrevistou, cuja fala é marcada pela musicalidade.)

Texto 4

Foi o primeiro animal que vi, quase há 30 horas na balsa. A barbatana de um tubarão infunde terror porque sua voracidade é conhecida. Na verdade, porém, nada parece mais inofensivo que a barbatana de um tubarão. Ela não se parece com algo que faz parte de um animal, muito menos de uma fera. É verde e áspera, como a casca de uma árvore. Quando a vi passar, beirando a balsa, tive a sensação de que possuía um sabor fresco e um pouco amargo, como o da cortiça. Passava das cinco. O mar estava sereno. Outros tubarões se aproximavam da balsa, pacientemente, e estiveram espreitando até anoitecer por completo. Já não havia luzes, mas eu os sentia rondar na escuridão, rasgando a superfície tranquila com o fio de suas barbatanas.

Desde então, não me sentei na borda depois das cinco da tarde. Amanhã, depois de amanhã e nos próximos quatro dias, ganharia experiência suficiente para saber que os tubarões são pontuais: chegariam um pouco depois das cinco e desapareceriam com a escuridão.

(GARCÍA MÁRQUEZ, Gabriel. *Relato de um náufrago*. Rio de Janeiro: Record, 1970. p. 52-53. Trecho de um dos primeiros livros do escritor colombiano Gabriel García Márquez, originalmente publicado em jornal. Trata-se de uma criação literária a partir das entrevistas que ele fez com um destróier da marinha colombiana que passou dez dias à deriva.)

Texto 5

No quintal a gente gostava de brincar com palavras
mais do que de bicicleta.
Principalmente porque ninguém possuía bicicleta.
A gente brincava de palavras descomparadas. Tipo assim:
O céu tem três letras
O sol tem três letras
O inseto é maior.

O que parecia um despropósito
Para nós não era despropósito.
Porque o inseto tem seis letras e o sol só tem três
Logo o inseto é maior. (Aqui entrava a lógica)
Meu irmão que era estudado falou quê lógica quê nada
Isso é um sofisma. A gente boiou no sofisma.

(BARROS, Manoel de. *Memórias inventadas: a infância*. São Paulo: Planeta, 2003. Trecho de poema de Manoel Barros, no primeiro volume de uma trilogia que é sua "autobiografia inventada". Trata-se de um livro de prosa poética no qual ele busca reconstituir poética e fantasiosamente sua própria descoberta da linguagem, na infância.)

Texto 6

– O senhor se sente realizado?
– Por que você quer saber isso?
– Nada, não. O professor é que mandou lhe perguntar.
– O professor tem interesse em saber se eu me sinto realizado?
– Sei não senhor.
– Então diga ao professor que venha me procurar.
– Pra quê?
– Para eu lhe perguntar se ele se sente realizado.

(ANDRADE, Carlos Drummond de. Gravação. In: *De notícias e não-notícias faz-se a crônica*. 6. ed. Rio de Janeiro: Record, 1993. [s.p.]. Trecho de crônica de Carlos Drummond de Andrade no qual ele recria a situação de uma entrevista feita por um estudante a um homem mais velho, parodiando o despreparo do aluno para a tarefa.)

Após a leitura individual desses textos, ou de outros escolhidos a critério do professor (que não deve indicar o gênero ou a autoria do texto), os alunos podem ser divididos em pequenos grupos com a tarefa de separar os textos apresentados em duas categorias: 1) Transcrições de entrevistas; 2) Outros tipos de texto.

Em seguida, os grupos podem apresentar para toda a sala as razões para a categorização proposta. A partir daí, um debate interessante pode ser mediado pelo professor sobre as dificuldades para diferenciar gêneros, por si mesmos. Algumas questões deflagradoras poderiam ser: que elementos contextuais ajudariam na categorização dos trechos? Que elementos estilísticos influenciaram os grupos na opção por uma ou outra categoria? Quais elementos apontados por eles aproximam os trechos da linguagem oral ou da escrita? A ideia, enfim, é refletir sobre as possíveis diferenças constitutivas entre textos de entrevistas de história oral e textos literários.

Após a discussão, o professor pode apresentar aos alunos a proveniência dos textos, comparando as falas no debate com a sala com as verdadeiras origens dos trechos em questão. Uma atividade final, para a elaboração de um pequeno texto, poderia consistir na solicitação para que os alunos selecionassem dois ou três dos trechos lidos e analisassem quais elementos da oralidade os trechos literários mobilizam e a que características da linguagem escrita os trechos de origem oral aludem.

Mulheres e relações de gênero

A história oral tem sido tradicionalmente utilizada para trazer à tona a voz de mulheres. Já em 1977, Sherna Berger Gluck, uma das pesquisadoras hoje veteranas que aproximaram a história oral dos estudos da mulher de maneira decisiva, escrevia:

> Recusando-se a continuar sendo mostradas historicamente como sem voz, as mulheres estão criando uma nova história – usando nossas próprias vozes e experiências. Estamos desafiando os conceitos tradicionais de história, de o que é "historicamente importante", e estamos afirmando que nossas vidas cotidianas *são* história. Usando uma tradição oral – tão antiga quanto a memória humana – nós estamos reconstruindo nosso próprio passado (GLUCK, 2002, p. 3, tradução nossa).

De fato, histórias de mulheres por muito tempo não apareceram na História. Quando apareciam, eram contadas através da voz de um terceiro, voz geralmente masculina. Isso não quer dizer que mulheres em situações privilegiadas, tais como esposas de políticos ou membros da classe alta, não tenham sido ouvidas. Entretanto, as questões de gênero muitas vezes incluem processos de exclusão ou sofrimento, de modo que as histórias de sujeitos tradicionalmente não contemplados assumem papel central quando se trata da descrição de processos históricos de dominação.

Estudos sobre as mulheres migrantes, por exemplo, evidenciam a premência de capturar as diferentes narrações de gênero. Há trabalhos que mostram que, no processo migratório, a mulher tem um papel importante nas decisões familiares atrelado a uma mudança de atitude frente à família e à sociedade.

O Brasil é um país que tradicionalmente tratou as mulheres como subordinadas aos homens, processo que ainda é evidente, mesmo com atuais conquistas como a maior escolaridade, a inserção das mulheres no mundo do trabalho e o pleno direito ao exercício da cidadania. O movimento feminista teve seu momento mais marcante no país nos anos 1970, revolucionando costumes e propiciando avanços na situação das brasileiras. Entretanto, no campo profissional, por exemplo, mulheres ainda têm salários inferiores aos dos homens, têm menos oportunidades de cargos de chefia e são maioria no mercado informal.

Os trabalhos de história oral, acadêmicos ou não, têm ajudado na compreensão dessa realidade. Dessa forma, uma proposta de trabalho potente para nossos alunos seria a utilização de entrevistas para conhecer um pouco sobre a diversidade de situações que envolvem tanto o gênero feminino quanto o masculino no Brasil. Existem inúmeras questões que podem ser abordadas:

a) Há diferenças no papel familiar entre entrevistados homens e mulheres?
b) Como são tratadas as situações de amor e sexualidade para os dois gêneros?
c) O que acontece de diferente, em termos de oportunidades, para homens e mulheres, ao longo da vida?
d) Qual o impacto dessas diferenças sobre a autoestima e a percepção de si mesmas por parte das mulheres?

e) De que forma as novas expressões da sexualidade tornam ainda mais complexa a discussão sobre gênero?

Para responder a tais perguntas, podem ser propostos alguns exercícios para reflexão, especificamente em torno da inserção da mulher no mundo do trabalho. Os trechos de entrevistas de história oral a seguir oferecem um material valioso para abordar o assunto. Uma visita aos arquivos de entrevistas disponíveis *on-line* mencionados no início desta Parte 3, também pode oferecer aos professores um sem-número de opções de entrevistas com mulheres, adequadas aos mais diversos objetivos pedagógicos.

Vejamos, primeiramente, o trecho de uma entrevista feita pelo pesquisador Marcel Diego Tonini com Aline Lambert, uma árbitra-assistente de futebol – uma mulher que atua em um esporte majoritariamente masculino, em um espaço que impõe limites à sua atuação.

Entrevista – Aline Lambert
"A gente vem acompanhando a mudança da visão dos outros com relação à presença da mulher dentro de campo. Inclusive, dos meus próprios companheiros... Por incrível que pareça, eu já fui trabalhar em partida profissional de futebol em que meu colega de profissão falou assim:
– Nossa! – estávamos uma outra assistente e eu – Duas mulheres hoje?
– Sim – nós respondemos.
E ele fez uma cara de menosprezo, de quem não gostou e disse:
– Desculpa. É que eu não consigo disfarçar. Eu não gosto de trabalhar com mulher!
Passou alguns anos, eu fui assistir um amigo trabalhar num estádio em Mauá. Tava na arquibancada e chegou um rapaz em mim e falou:
– Oi, Aline. Tudo bem?
– Tudo bom.
– Eu não sei se você vai lembrar de mim.
– Ah, desculpa. Não lembro.

– Ah, eu sou fulano de tal. Uma vez você bandeirou pra mim e eu cheguei pra você e falei que não gostava de trabalhar com mulher.
– Ahhh, lembro. Sempre que me perguntam um caso assim eu lembro de você! – é que eu não lembrava o nome, porque foi bem no comecinho da carreira e depois ele parou também.
– Olha, eu queria te pedir desculpas... Porque eu vejo, hoje, você fazendo clássicos de futebol paulista, brasileiro, grandes jogos, finais e eu me sinto envergonhado de ter falado isso pra você um dia.

E continuou:
– Pena que eu tive que ver você na televisão pra acreditar na sua qualidade, porque, se você chegou lá, é porque você já tinha qualidade faz tempo.

Aí, me pediu desculpas novamente e eu falei:
– Imagina. Tá desculpado!

Mas foi, assim, uma coisa que marcou. Eu sei que durante muito tempo a visão dos meus colegas comigo era uma visão de: "Será que vai dar conta?". [...]

Eu nunca me importei muito com essas ofensas, sabe? Ah, se tem preconceito, eu vou lá e vou fazer o meu trabalho do mesmo jeito! Aquele árbitro não foi o primeiro que falou, mas, no fundo, no fundo, eu sei que vários outros pensaram igual a ele. Só que não falaram. Pra mim, até mais vale ele que falou, porque eu já ia pro jogo três vezes mais atenta do que eu iria normalmente. Então, eu prefiro até que seja uma pessoa franca, que fale. Ainda mais que teve a atitude que ele teve cinco anos depois de falar pra mim:

– Olha, desculpa. Me enganei.

Nem precisava ter feito isso! Mas, vários outros... vários outros árbitros pensam. Eu acho que até hoje pensam... alguns. Alguns mudaram de ideia, outros não. E eu nunca liguei muito pra isso. O pedido de desculpas dele me fez pensar como ele mudou de opinião. Poxa! Que legal, né? Várias outras pessoas eu acho que mudaram de opinião não só com relação à Aline, mas com relação à mulher na arbitragem. E isso... não tem preço, sabe? Isso não tem preço! Não é que a classe, hoje, respira por nossa conta, mas, assim, você saber que fez parte daquele processo positivo é muito importante. Nossa! É muito gratificante. Muito mesmo!

Mas, não ligo pra preconceito. Como eu disse pra você, eu sei que existe. Falar que não existe:

– Ah, preconceito acabou!

Não, não acabou. Nunca vai acabar! Nunca vai acabar...

(TONINI, Marcel. Presença e atuação feminina no futebol brasileiro. In: *Narrativas e experiências: histórias orais de mulheres brasileiras*. 2. ed. São Paulo: Letra e Voz, 2011. p. 148-149. Trecho de entrevista concedida por Aline Lambert.)

Deixemos o futebol para visitar outra importante arena: a política. Em um livro organizado por Marieta de Moraes Ferreira e Alexandre Fortes, temos contato com um interessante depoimento de Benedita da Silva sobre sua participação na Assembleia Constituinte, em 1987-1988.

Entrevista – Benedita da Silva

Entrevistador – E havia uma solidariedade das outras mulheres em relação a você?

Benedita – Não só em relação a mim. Uma das coisas interessantes, na Assembleia Nacional Constituinte, foi a parceria, a cumplicidade das mulheres. Enquanto os homens se acabavam lá naquela tribuna, brigando uns com os outros, a mulherada – de partidos diferentes, de centro, de direita, de esquerda –, nós tínhamos questões comuns. A nossa "bancada feminina" se reunia e dizíamos assim: isso aqui, no PFL, no PMDB, ou outro partido, não passa. Então nós vamos para a tribuna do PT, do PCdoB... Agora, não vamos levar para o plenário as nossas divergências. E fizemos isso até o final da Assembleia Nacional Constituinte. Algumas votavam contrárias, mas caladinhas, para não criar entre nós nenhuma animosidade. Porque é uma coisa incrível o machismo. O que eles esperavam era: "Essas mulheres vão brigar, elas não vão se entender". Não. Eram parlamentares eleitas pelo voto do povo para defender causas nobres, que iam da economia, com a Maria da Conceição Tavares, à Benedita da Silva na área social. Mas como a nossa primeira reivindicação, parece incrível... Era que não tinha banheiro feminino. Aí nós: "Queremos um banheiro feminino". Aí já começaram... "Ih, será que elas vão pedir... cortina, tapete?". E fomos para a tribuna, fazer o discurso do banheiro [risos]. Eles também cuidaram de não folclorizar porque é um reflexo da invisibilidade do poder feminino. Uma loucura! Então aquilo não foi feito para mulheres? Não, senhora. O banheiro era muito relevante, imagino. Às vezes, nós íamos pela madrugada afora naquele plenário.

(FERREIRA, Marieta de Moraes; FORTES, Alexandre. (Org.). *Muitos caminhos, uma estrela: memórias de militantes do PT*. São Paulo: Ed. Fundação Perseu Abramo, 2008. v. 1. p. 298-299. Trecho de entrevista concedida por Benedita da Silva.)

A partir desses dois trechos, ou de outras entrevistas, o professor poderá trabalhar com os alunos as diferenças históricas e culturais entre homens e mulheres no Brasil, as expectativas profissionais em relação aos dois gêneros, as mudanças que gradualmente acontecem nesse campo, e os efeitos da transgressão dos papéis esperados da mulher. Sobre as entrevistas, é possível indagar:

- É possível falar que há um modo específico de inserção da mulher em espaços marcadamente masculinos?
- Existem, ainda, espaços de atuação reservados ao homem, aos quais as mulheres têm acesso limitado?
- A presença crescente da mulher em cargos políticos e econômicos de destaque tem influência sobre o panorama social mais amplo?

Vale ressaltar que a história oral permite o cruzamento das entrevistas com outras fontes, o que enriquece a compreensão das narrativas. Por exemplo, no caso das mulheres, as entrevistas poderiam ser confrontadas com artigos de jornais e revistas sobre o papel da mulher no futebol e na política. O professor poderia solicitar aos alunos que buscassem notícias sobre esses temas e que os confrontassem com o que os entrevistados disseram. O mesmo procedimento poderia ser utilizado para o caso do preconceito e raça. Isso enriqueceria muito as possibilidades de compreensão da complexidade dos fenômenos sociais e históricos e da relatividade das informações em diversas fontes.

Direitos e lutas

Nas últimas décadas, muitos grupos têm lutado por direitos que não lhes eram oferecidos e reivindicado políticas desenhadas para atender às necessidades que suas condições lhe apresentam. A partir do final dos anos 1970, mas especialmente a partir da década seguinte, um forte movimento nacional pelos direitos da pessoa com deficiência física, por exemplo, floresceu. E, embora as dificuldades práticas cotidianas ainda sejam muitas para esses indivíduos, sensíveis modificações vão sendo observadas.

Seguem, abaixo, dois trechos da entrevista de história oral com Luiz Baggio Neto, um ativista do movimento de pessoas com deficiência, tendo, entre outras ações importantes, fundado e presidido a Associação Brasileira de Síndrome Pós-Poliomielite. A entrevista foi feita por Lia Crespo, em sua pesquisa com líderes desse movimento.

> **Entrevista – Luiz Baggio Neto**
> (trecho 1)
> Tive pólio em 1957, quando ainda não havia a vacina Salk [desenvolvida em 1955], nem a Sabin [desenvolvida em 1962]. A pólio foi muito severa comigo. Tive uma tetraparesia [incapacidade parcial de realizar movimentos voluntários com todos os membros do corpo] e passei muitos meses no Hospital das Clínicas (HC), no chamado "pulmão de aço", um aparelho que fazia uma respiração forçada. Meus pais, evidentemente, tiveram uma atitude muito positiva que foi importante para minha recuperação. Logo que saí da fase aguda da pólio e deixei o hospital, eles decidiram partir para a reabilitação. Nos primeiros anos, um fisioterapeuta do próprio HC fazia os exercícios na minha casa. Depois entrei para a AACD que, naquela época,

era o único centro de reabilitação que existia, embora incipiente. Lá cursei o primário e fiz reabilitação até os 20 anos de idade.

Como todo sequelado de pólio, passei por seis ou sete cirurgias. Todas extremamente traumáticas porque comprometeram períodos muito importantes da minha vida. Aos 16 anos, fiz uma cirurgia de coluna que me deixou um ano e meio engessado, deitado na cama. Sem qualquer outra possibilidade, meu único relacionamento com o mundo externo era feito através das pessoas que vinham me ver no meu quarto. Foi uma fase cheia de problemas pois é na adolescência que acontecem uma série de experiências e vivências importantes para o amadurecimento.

Evidentemente, em algum momento da vida, todas as pessoas deficientes passam por situações emblemáticas de gravíssima discriminação. Mas de forma geral, não tive falta de apoio, amizade, nem sofri discriminação por parte das pessoas próximas a mim. Não me casei. Brinco, dizendo que escapei por duas vezes! Não sei se foi bom ou ruim. A gente nunca sabe avaliar essas coisas. Mas não me casei, nem tive filhos. Acho que isso não foi um grande problema.

A partir do ginásio, estudei em escolas particulares da rede regular de ensino. Quando fazia o terceiro colegial, no Objetivo, na avenida Paulista, apesar dos apelos de meu pai ao diretor, durante um ano inteiro, todos os dias, tive de subir e descer cerca de 20 degraus, carregado por meus amigos e colegas de classe, para ter acesso a minha sala de aula. Às vezes, era divertido, em outras, era um sufoco. Quebrei a cadeira de rodas duas vezes e vivi momentos de pânico. Obviamente, desconsideravam meu direito de estar ali. Hoje, se fizessem isso, era fácil, era só chamar a polícia ou o Ministério Público.

Entrevista – Luiz Baggio Neto
(trecho 2)

No Brasil, os ônibus têm simbolozinhos em cima dos bancos preferenciais para idosos, grávidas e aleijados, ou seja, os caras que estão em "desvantagem". Só os ferrados têm acesso àquele troço. É muito diferente de ter conquistado o reconhecimento à cidadania, que precisamos alcançar não apenas como deficientes, mas também como brasileiros.

Há também outras questões fundamentais, como o direito ao lazer, ao entretenimento, à sexualidade, ao amor. Existem muitos deficientes vivendo situações de discriminação absoluta. Nunca há a imagem de uma pessoa deficiente associada a uma relação amorosa, na publicidade, por exemplo. Sempre é o herói superando coisas absurdas, uma tarefa gigantesca, maior do que ele, ou é uma criancinha simpática, com uma Síndrome de Down. Isso só para falar em mídia. Mas nunca o amor está associado, com naturalidade, à pessoa com deficiência.

A pessoa com deficiência ainda é vista como incapaz. Há medidas e leis para atender suas necessidades. Mas nunca a pessoa com deficiência é incluída no debate. Nunca ela é vista com autodeterminação. Assim como os índios são imbecis, os velhos são caducos, os deficientes são incapazes. Então, é preciso "tomar conta" deles e oferecer algo benéfico, "um conforto, para que a vida não seja tão dura e a cruzada não seja tão dolorosa...".

[...]

Enfim, nossas reivindicações sempre foram e continuam sendo acesso a tudo o que é de direito de um indivíduo que vive em sociedade e tem dignidade. Acho que as conquistas não estão à altura das reivindicações e da luta que foi empreendida. A gente vive um problema fundamental na sociedade brasileira. Não sei se decorrente de nossa origem latina ou se tem outra causa. Talvez seja essa maldição do cristianismo, que é profundo na nossa cultura. Talvez, se fôssemos mais helênicos, seríamos mais felizes. Mas acredito que somente quando a questão da tutela cair por terra, poderemos, de fato, conquistar nossa autonomia e seremos vistos como pares e não párias.

Apesar disso, evidentemente, é impossível não ter melhorado nada de 1980 para cá. Melhorou, sim. As pessoas começam a ver, pelo menos, que existem direitos assegurados. Hoje, por exemplo, há vagas de estacionamento reservadas para deficientes. Quem não respeita já é considerado "malvado". A criança não vai muito bem na escola, mas tem a rampinha. Essas coisas foram conquistas. A gente não pode radicalizar e dizer que a luta não adiantou nada. Adiantou, sim. Houve conquistas importantes. As pessoas estão mais presentes nos ambientes. Podemos notar isso. Demorei a comprar uma cadeira de rodas motorizada porque, até há pouco tempo, ela seria inútil, não havia acesso aos lugares mais comuns. Hoje, restaurantes, hotéis e cinemas já têm que ter, obrigatoriamente, a acessibilidade garantida. Naturalmente, não adianta ter acessibilidade na avenida Paulista se, lá no Jardim Umarizal [Zona Sul de São Paulo], há um centro de saúde, cujo médico nem desconfia do que seja uma poliomielite, por exemplo. Ainda são necessários centros de reabilitação públicos, onde as pessoas com deficiência possam ser reabilitadas o mais próximo possível da sua casa. Muitas coisas ainda precisam ser conquistadas, mas muita coisa foi feita. Sem dúvida nenhuma, o ambiente está um pouco mais favorável. Já não é estranho você chegar e dizer: "Olha, cara, aqui está faltando uma rampa" e a pessoa perceber que está contra a corrente.

(Extraído de: CRESPO, Ana Maria Morales. *Da invisibilidade à construção da própria cidadania*. 2009. 399f. Tese (Doutorado em História Social) – Faculdade de Filosofia, Letras e Ciências Humanas, Universidade de São Paulo, São Paulo, 2009.)

Em seguida, na sala de aula ou em casa, os alunos poderão consultar dois textos legais importantes, ambos disponíveis *on-line*: os Capítulos I e II do Título II da Constituição da República Federativa do Brasil de 1988, respectivamente intitulados "Dos direitos e deveres individuais e coletivos" e "Dos direitos sociais" (disponível em: http://www.planalto.gov.br/ccivil_03/constituicao/constituicao.htm); e o Decreto n. 6.949, de 25 de agosto de 2009, que aprova o texto da Convenção Internacional sobre os Direitos das Pessoas com Deficiência e seu Protocolo Facultativo (disponível em: http://www.planalto.gov.br/ccivil_03/_ato2007-2010/2009/decreto/d6949.htm).

Depois de terem lido esses documentos, sugere-se que os alunos organizem um debate na sala de aula ou que produzam textos individuais. Alguns temas possíveis são:

- Que direitos individuais e sociais uma história como a de Luiz Baggio Neto indica terem sido violados?
- Esses direitos são respeitados nos dias de hoje? De que forma você pode verificar se isso ocorre ou não ocorre? (Outras fontes poderão enriquecer os argumentos.)
- Quais necessidades das pessoas com deficiência o entrevistado sugere não terem sido atendidas? Você acredita que tais reivindicações sejam plausíveis? Quais dessas reivindicações ainda não são cobertas pela legislação? Quais estão previstas pela legislação, mas não são efetivamente colocadas em prática?
- Você conhece pessoas com deficiência? De que forma elas se integram aos ambientes que você frequenta? Quais semelhanças e divergências você enxerga entre a história de Baggio e a vida dessas pessoas de seu círculo de convívio?

Ecologia e meio ambiente

Discussões acerca dos problemas ambientais têm sido tema frequente dos grandes debates nacionais, o que se reflete no crescimento dos movimentos ecológicos. O Brasil possui alguns dos ecossistemas mais ricos do mundo e tem sido um dos alvos de preocupações. A esse exemplo, discute-se a preservação da Amazônia, do Pantanal, do Cerrado e da Mata Atlântica.

A preocupação com os impactos ambientais também implica modificações de pequenas atitudes pessoais, tais como o destino do lixo e a reciclagem de material descartado. Outros elementos que se incluem na discussão sobre preservação do meio ambiente são: extinção de espécies animais e vegetais; aquecimento global; poluição urbana; uso das águas; bem-estar animal, etc.

A educação tem papel fundamental para a consciência ecológica das novas gerações e para um futuro de mais respeito ao ambiente. E a história oral também pode ser usada para que os estudantes conheçam a relação entre os homens e o ambiente hoje e no passado. Essas experiências permitem que os alunos discutam algumas das razões da degradação ambiental e que percebam que a relação do homem com a natureza se modifica ao longo do tempo, variando a cada geração e de acordo com cada grupo social. Essa percepção é fundamental para a compreensão de que essa relação não é definitiva e que pode sempre mudar para melhor ou para pior.

Tal discussão pode ser gerada a partir da leitura da entrevista com Dona Adélia, realizada por Valéria Magalhães e Michele Vieira para o projeto *Lembranças de antigos moradores da Zona Leste de São Paulo: migrantes nordestinos e história de bairros*, disponível em: http://each.uspnet.usp.br/gephom/Projetos/Entrevistas.pdf.

> **Entrevista – Dona Adélia**
>
> Entrevistadora – Mas a senhora lembra, por exemplo, de sujeira, poluição, como que era isso naquela região?
>
> Dona Adélia – Era limpo.
>
> Entrevistadora – A gente está falando bem no comecinho...
>
> Dona Adélia – Era limpo. Até depois de muito tempo, até depois quando eu mudei para o Itaim, que foi em 57, não tinha ruas asfaltadas, não tinha luz elétrica, era um campo, então, lixeiro nem pensar, coletor de lixo; mas como eu aprendi desde muito cedo, desde quando tínhamos criação em casa que tem um terreno, então faz um buraco e joga tudo lá e cobre. Então o adubo era feito no próprio quintal. Até aqui no Itaim, que eu já era casada, como não existia o plástico, o papel era incinerado, o lixo orgânico era feito um buraco, jogava-se uma pá de terra lá, não tinha mosca, não tinha cheiro.
>
> Entrevistadora – Na Penha e no Parque do Carmo fazia a mesma coisa com o lixo?
>
> Dona Adélia – Fazia.

Entrevistadora – A senhora lembra quando que isso começa mudar? Quando que começam vir os coletores de lixo?

Dona Adélia – Na Penha eu não me lembro muito, porque era na casa da minha sogra, então eu não me lembro dela enterrar o lixo; mas já no Parque do Carmo, que era a minha casa, aí eu já fazia o buraco pra gente enterrar o lixo. E ali eu comecei a ensinar todos a fazerem a mesma coisa, que era para o bem da saúde de todas as crianças.

Entrevistadora – E as pessoas que estavam lá, não sabiam o destino do lixo?

Dona Adélia – Não, aí jogavam restos de comida, e cachorro pra lá, cachorro pra cá, aí eu comecei a fazer uma pequena educação com as crianças. Eu não tenho escolaridade nenhuma, só tenho experiência de vida, porque eu só fiz até o quarto ano primário. [...]

Entrevistadora – Dona Adélia, a senhora sabia se as escolas, os postos de saúde ensinavam a mexer com o lixo?

Dona Adélia – Não, eu não conheci posto de saúde.

Entrevistadora – O que tinha na época pra atender?

Dona Adélia – Não sei.

Entrevistadora – A senhora não se lembra de ter visto isso?

Dona Adélia – Não. Não me lembro de ter visto. Eu lembro que a gente tinha o médico da família, isso sempre teve. Na minha família sempre teve. Mas depois de casada, eu me desliguei disso, porque a gente não precisou. Não tinha doente, então eu me desliguei. Não sei se existia posto de saúde, não sei.

Entrevistadora – Mas as crianças nasciam em casa?

Dona Adélia – Os meus nasceram. Mas tinha vacina sim; que a gente ia no posto de saúde só pra tomar vacina.

Entrevistadora – Na Penha?

Dona Adélia – Tinha na Penha também. Em Avaré também tinha, bem pertinho de escola. Aquele tempo, como a gente não tinha muitos cuidados, parece que qualquer coisinha inflamava, não tinha uma higiene decente, então, quer dizer, tinha qualquer coisa, inflamava. Então era no posto de saúde que a gente ia fazer curativo quando inflamava muito, né? [...]

Entrevistadora – Mas antes da senhora ir embora, eu vou explorar a senhora mais um pouquinho... Nesse período, a gente ainda tá bem no comecinho, entre a Penha e o Parque do Carmo, a gente ainda não chegou no Itaim, a gente estava falando de doença, a senhora estava contando que ensinou o pessoal a mexer no lixo, etc., eu também queria saber, que a senhora mencionou dos cachorros, como é que as pessoas lidavam com esses animais domésticos, se tinha animal na rua, se tinha, por exemplo, animais em casa, o que a senhora lembra a respeito disso, desde o começo?

Dona Adélia – Tinha muito animal. Todo mundo tinha.

Entrevistadora – Mas dentro de casa?

Dona Adélia – Dentro de casa eu não, porque eu não gosto, nunca gostei de cachorro dentro de casa, gato dormindo na minha cama, eu sou avessa a essas coisas. Acho que bicho é bicho, gente é gente. Mas tinha sim.

Entrevistadora – Mas a senhora via na rua? Via abandonar os animais?

Dona Adélia – Deixo me lembrar um pouquinho... Eu acho que não. Só tinha animal com dono. E era assim, costumava-se dizer que tinha mais cachorro do que criança, quer dizer, em todo terreno tinha uma cachorra com um cachorrinho. Mas tudo tinha dono.

Entrevistadora – A senhora lembra, mais ou menos... Hoje é diferente?

Dona Adélia – É. Hoje é diferente porque tem os animais de estimação que são bem cuidados e tem os animais abandonados.

O relato de Dona Adélia trata das condições do meio ambiente na Zona Leste de São Paulo, falando do tratamento do lixo, da relação com os animais, das doenças e do rio Tietê, que nem sempre esteve na condição de poluição severa em que se encontra. A leitura desse tipo de relato sugere uma comparação entre as relações homem-ambiente de hoje e do passado. Adicionalmente, é possível refletir sobre as atitudes que levaram a cidade de São Paulo (como qualquer outra em situação similar) ao atual problema de poluição urbana e também sobre as diferenças entre o meio ambiente no centro e nas periferias da cidade. Algumas boas perguntas podem ser feitas a partir de uma entrevista como essa (ou podem compor o roteiro de uma entrevista temática, feita pelos próprios alunos, em continuidade a essa atividade de leitura):

- Como eram as relações entre o homem e a natureza na geração de seus pais e avós? Elas se assemelham ao que descreve Dona Adélia?
- Como o lixo era recolhido e tratado antigamente?
- De que forma recursos como combustível, água e alimentos eram utilizados antigamente?
- Como era a relação entre os homens e os animais domésticos e selvagens?
- Quais são as atitudes necessárias para uma mudança de atitude em relação ao meio ambiente?

Deslocamentos urbanos

A temática dos processos migratórios permite que o aluno trabalhe com depoimentos orais combinados com dados demográficos e estatísticos, gerando uma integração de informações e disciplinas preciosa para sua formação.

O Brasil, tradicionalmente, é considerado um país de imigrantes. Fomos colonizados por europeus, principalmente portugueses, e depois recebemos africanos que vieram como escravos. No final do século XIX, com o final da escravidão, o governo e as elites passaram a pensar em alternativas de mão de obra barata que substituísse os escravos. A esse processo, somou-se o interesse das elites em "branquear" a população brasileira, trazendo principalmente europeus para trabalhar na lavoura e em uma indústria incipiente. Daí, grandes ondas migratórias aconteceram, trazendo ao Brasil muitos italianos, portugueses, japoneses, entre outros grupos.

Do ponto de vista das migrações internas, a partir de 1920, nordestinos e mineiros passam a migrar para o Sudeste para suprir a carência de mão de obra diante do declínio da entrada de imigrantes, principalmente com a Segunda Guerra Mundial. Esse movimento se intensifica na década de 1950, estendendo-se até muito recentemente. Do lado do Nordeste, a saída de sua gente decorreu desde sempre da seca e da falta de investimento governamental na melhoria de vida de sua população.

Esses movimentos de entrada de estrangeiros no Brasil foram bastante intensos até a década de 1980, quando a situação econômica do país e a necessidade de mão de obra dos países desenvolvidos inverteu o quadro: passamos a ser um país de emigrantes, isto é, a exportar brasileiros em massa, principalmente para o trabalho braçal, em países como os Estados Unidos e o Japão.

Em um mesmo processo de imigrações internacionais recentes, estrangeiros de países mais pobres começaram a vir para o Brasil, tais como bolivianos, angolanos e moçambicanos, a partir da década de 1980, para realizar trabalhos de baixíssima qualificação e baixos salários.

Essa discussão sobre processos migratórios no Brasil pode ser gerada a partir de muitas entrevistas disponíveis nos arquivos *on-line*. Como exemplo, sugerimos a leitura da entrevista de Vera Lúcia Menezes, realizada por Valéria Magalhães para o projeto *Lembranças de antigos moradores da Zona Leste de São Paulo: migrantes nordestinos e história de bairros*, disponível em: http://each.uspnet.usp.br/gephom/Projetos/Entrevistas.pdf.

> **Entrevista – Vera Lúcia Menezes**
>
> Entrevistadora – Seu pai estava trabalhando na feira?
>
> Vera Lúcia – Estava trabalhando na feira. Aí quando foi em 52, quando meu irmão já tinha um ano e três meses, aí ele veio a falecer. Também trabalhando na feira, aí ele passou mal e meu irmão mais velho, que tinha 11 anos, correu em casa pra pegar

o remédio dele, aí chegaram em casa, não deu mais tempo. Meu pai morreu trabalhando na feira. Mamãe quando viu já estava morto. Aí ficou viúva com seis filhos. O mais velho tinha 11 anos, e o mais novo um ano e três meses. Pra mim, a minha mãe foi uma heroína porque ela foi meu pai e minha mãe. Eu tinha um apego muito grande a ela. E aí o proprietário da casa fez de tudo pra minha mãe me dar pra ele porque eles não podiam ter filhos. O casal de portugueses não podia ter filhos. A mulher dele não se dava aqui em São Paulo, então fui morar em Santos. Tudo que tinha que acertar com ele, ele deu pra mamãe, pra mamãe cuidar de mim. E todo tempo que mamãe quisesse, resolvesse, podia ligar, que ele vinha me buscar. Ele queria eu, de todos os meus irmãos, o que mais ele queria era eu. Talvez seja porque eu tinha um ano e pouco quando meu pai morreu. Aí dava pra eles educarem da forma deles porque se você for uma criança bebezinho, você consegue [...]. Eu creio que foi isso. Bom, mamãe graças a Deus não deu, então, aí mamãe estava aqui ainda, com meu pai vivo, tudo, aí quando eu tinha três meses... Não, eu nasci em fevereiro... Em março, com 15 dias de nascida, mamãe falava que eu chorava dia e noite, se pusesse em pé eu ficava, que eu fiquei durinha. Aí eu fui batizada na Igreja da Penha, na igreja velha, e o padre achou que eu ia morrer, aí falou que eu ia ser muito feliz. Mas sempre quando toca a música *O Milagre*, que até o KLB gravou essa música, eu lembro da minha vida, porque Deus sabia o quanto que eu ia ser importante pra minha mãe e pra essa irmã que mora comigo, porque eu que cuidei delas. Eu tenho mais irmãs, mas eu que cuidei delas e, assim, eu sobrevivi aquilo. Então mamãe escreveu lá pro Norte, avisou que ficou viúva, não sei o quê, minha vó, mãe dela, mandou ela voltar pra lá, pra ajudar olhar os filhos, que eram seis. Aí mamãe pôs tudo no ônibus, e nós fomos pra lá. Foi quinze dias de viagem.

Entrevistadora – Quinze dias?

Vera Lúcia – Antigamente era quinze dias, hoje é dois dias e meio já tá lá de ônibus.

Entrevistadora – Quinze dias até o Recife? De São Paulo a Recife?

Vera Lúcia – Até Recife. Então parava no caminho, porque quinze dias tinha que parar. Aí chegava nos hotéis. Mamãe sofreu muito porque quando um acordava o outro dormia, sabe assim? Aí chegou lá. [...]

Entrevistadora – E a senhora tinha quantos anos?

Vera Lúcia – Na época, quando eu vim pra cá, eu fiz 15 anos vindo na estrada. Eu morei lá de 1 até 15 anos.

Entrevistadora – E ainda eram 15 dias de viagem?

Vera Lúcia – Não, aí eram quatro dias e meio (risos). Aí, quando eu vim pra cá, eles deram remédio pra mim porque ficaram com medo de eu vomitar e passar mal, e no fim não tive nada. Tomei bonamina, que é um remédio pra isso, pra enjoo, e a minha irmã, que hoje é casada, ela passou mal. Do ônibus, tudo, e eu não tive nada. Bom, aí cheguei aqui, nossa, pra mim foi um alívio, outra vida, porque aí mamãe fazia o que eu queria, ela gostava de mim; a minha outra irmã, que é essa que hoje é casada também...

Entrevistadora – Sua mãe, nessa época, morava onde?

Vera Lúcia – No Brás. Ah! Não, Vila Maria. A gente morava na Vila Maria.

Entrevistadora – Não era aqui na Zona Leste?

Vera Lúcia – Não, foi morar primeiro na Vila Maria.

Entrevistadora – Era uma casa alugada?

Vera Lúcia – Era uma casa alugada. Nunca tivemos casa própria aqui. Aí foi morar lá. Quando ela chegou aqui de São Paulo, ela casou com outro homem. Quando eu cheguei, já era casada. Só que, infelizmente ela casou com a pessoa errada. Um homem que bebia, nunca tinha visto aquilo na minha vida, porque eu fui criada numa educação que eu ia em missa, tive uma educação

> graças a Deus, apesar de ser muito rígida, mas educação a gente teve, e nunca vi meu avô falando palavrão dentro de casa, minha avó, nada disso. Aí, o que aconteceu? Quando eu cheguei, que eu vi a situação...

Essa atividade pode fazer parte de uma sequência didática maior sobre migrações no Brasil ou para o Brasil (dependendo do enfoque do professor e da entrevista escolhida). Após a leitura do relato de Dona Vera, por exemplo, podem ser levantadas questões sobre a influência da família nos processos migratórios; as diferenças de renda entre o Nordeste e o Sudeste brasileiros; as dificuldades enfrentadas pelos migrantes em São Paulo; e as condições econômicas e políticas que levaram à migração em massa do Nordeste para o Sudeste. Outras relações – com processos migratórios ao redor do mundo ou com situações familiares do aluno que envolvam esse tipo de fluxo – podem ser estabelecidas através de questões do tipo:

- Quais seriam, na sua opinião, as possíveis razões para os diferentes movimentos migratórios no mundo? (Lembrar aos alunos que elas são múltiplas: político-econômicas; familiares, transferência por empresas e universidades; perseguições – refugiados; motivos pessoais; aventura, etc.).
- Na sua família, existe alguém que tenha vindo de outra cidade ou país? Por que essa pessoa se mudou do local de origem?
- Como você acha que é a vida de um migrante ou imigrante? Que tipo de dificuldade ele pode enfrentar em seu novo lugar?
- Releia a entrevista do Seu Antônio, reproduzida anteriormente, e pense sobre as condições de vida do migrante nordestino que veio morar em São Paulo e nas dificuldades que enfrentou na nova vida.
- Existem hoje, em sua região, estigmas associados a grupos migratórios? Como esses estigmas podem ter se formado? Eles correspondem efetivamente à cultura e ao modo de vida dessas pessoas?

> **Sugestão de filme:**
>
> *Cinema, aspirinas e urubus.* Direção: Marcelo Gomes. 2005, 199 min, cor.
>
> Em 1942, no sertão nordestino, um alemão (Johann) e um sertanejo (Ranulpho) se encontram. O primeiro fugiu da Europa na Segunda Guerra Mundial e vende aspirinas de cidade em cidade, e o segundo passa a ser seu ajudante após pegar carona em seu caminhão. O filme conta a história dessa amizade, das transformações em suas vidas e das experiências de deslocamento daqueles que buscam uma vida melhor fora de seu espaço.

Ditadura Militar no Brasil

Os relatos sobre a Ditadura Militar no Brasil podem compor uma longa sequência didática sobre esse assunto, iniciada pela leitura e pela discussão de textos didáticos sobre o tema e de materiais de imprensa da época (reportagens de jornais como *O Globo* e *Folha de S.Paulo* publicadas entre 1964 e 1970, por exemplo, que estão hoje disponíveis para consulta *on-line*) – as fontes oficiais.

Elas podem ser posteriormente comparadas com o conteúdo de algumas entrevistas, que poderão ser consultadas em casa ou na própria escola.

Sugere-se que tanto o professor quanto os estudantes busquem relatos em acervos ou publicações com entrevistas que estejam mais ligados aos assuntos tratados na sala de aula. Eis dois exemplos de entrevista de militantes políticos sobre o período da Ditadura Militar no Brasil:

> **Entrevista – Luiz Marcos de Magalhães Gomes**
>
> Eu fui com a minha esposa e fui com a minha filha porque, de certa maneira, todos os três estavam sob ameaça. Em São Paulo, eu me integrei no trabalho operário da Ação Popular, no ABC. Poucos meses depois, eu estava morando no bairro Vila Califórnia, que é

um bairro de São Caetano e, em dezembro de 69, eu fui preso em São Paulo. Eu estava na Avenida do Estado cobrindo um ponto, houve uma batida e eu fui preso com outro dirigente da Ação Popular, que já faleceu, infelizmente, chamava Marcelo Hugo de Medeiros, um engenheiro. Nós dois fomos presos. Fomos presos e levados para o Dops, eu passei por todas essas conhecidas torturas. Ficamos 40 dias sem que a repressão reconhecesse nossa prisão. Eu também passei pela Ilha das Flores, no Rio, o que foi um sequestro porque isso não consta da minha ficha oficial das autoridades de São Paulo que me prenderam. Eu fui levado para o Cenimar [Centro de Informações da Marinha] pelo Delegado Fleury, eu e o Marcelo, e eu fiquei preso até 1971, mais ou menos setembro. Eu fui condenado inicialmente a quatro anos de prisão e depois, em um recurso ao Superior Tribunal Militar, foi reduzido para dois e esses dois eu já tinha cumprido. Então eu fui solto, mais ou menos em outubro/setembro de 1971, eu e o Marcelo. O Marcelo era paraibano, voltou para sua terra. Meu pai, muito preocupado, quis me mandar para o exterior, mas eu resisti um pouco porque eu já tinha cumprido pena, eu tinha estado no Uruguai, como eu te disse, vi a vida dos exilados também, coisa muito difícil. Além disso, eu tinha também minha filha, que já estava com dois anos e oito meses. Então, eu, minha esposa e minha filha nos mudamos para o Rio de Janeiro. Fui trabalhar, inicialmente em publicidade. Eu já era jornalista, mas ninguém aceitava me empregar. Aí eu fui trabalhar em publicidade para sobreviver. E, um ano depois, quando um grupo de jornalistas fez um acordo com o Fernando Gasparian, que era um empresário de oposição à ditadura, para fundar o jornal Opinião, aí através de um dos meus irmãos, eu fiquei conhecendo o jornalista Raimundo Rodrigues Pereira, porque eles tinham sido colegas no ITA [Instituto Tecnológico de Aeronáutica] e tinham sido desligados do ITA em 1964. E eu fui trabalhar desde o começo no jornal Opinião, onde eu fiquei até 1975, quando a gente divergiu com o proprietário do jornal, Fernando Gasparian, e nós partimos então para fundar o jornal Movimento. O jornal Opinião funcionava no

Rio, foi um dos mais importantes jornais de resistência à ditadura militar, mas o jornal Movimento foi fundado em São Paulo porque a gente achava que lá as condições eram mais favoráveis. Eu fui um dos fundadores do jornal Movimento e trabalhei lá até 1981.

(HEBLING, Milene Cristina. Ditadura, repressão e resistência: memórias de um militante político. *História Oral*, v. 15, n. 2, p. 217-241, jul./dez. 2012. Disponível em: <http://revista.historiaoral.org.br/index.php?journal=rho&page=article&op=view&path%5B%5D=267&path%5B%5D=298#)>.

Trecho 2 – João Paulo Moreira Burnier

Os interrogatórios em geral eram feitos por pessoal já mais especializado, segundo relatório, segundo interrogatório, por pessoal especializado, no revezamento continuado, e uma das técnicas do interrogatório é fazer cansar o interrogado. Por exemplo, você começa a interrogar às duas horas da tarde e chega às cinco horas da manhã do dia seguinte, ele ainda está sendo interrogado. Porque vão trocando os interrogadores. São técnicas que se usam. E em todo curso de informações você aprende a fazer isso. Uns chegam, ameaçam: "Olha, você vai sofrer punição por isso." Aí um outro diz: "Não, eu sou amigo, olha ele é muito bruto, ele é muito nervoso." Então procura ser amigo do interrogado para poder colher informação. Aí fica padrinho, amiguinho, aí vem outro mais violento, mais zangado: "Não, nada disso, tem que dizer a verdade, o que você ia fazer com fulano?" Aí daqui a pouco vem outro. Então isso são técnicas que a gente aprende durante o interrogatório. E mais também. Você precisa saber alguma coisa a respeito do preso para poder interrogar, e saber se ele está dizendo mentira ou não. Então se ele está dizendo mentira: "Não. Repete". Faz ele repetir 20 vezes. [...] Isso talvez fosse um processo que se usasse na Polícia do Exército. Ou dentro do DOI-CODI, ou seja o que for. Agora, no sistema nosso que nós aprendemos, o interrogatório era feito com a pessoa normalmente

como estava, e o interrogatório era feito para levá-la à contradição. Obrigá-la, interrogá-la continuamente para levá-la ao cansaço e à contradição, para desmoralizá-la moralmente e poder tirar dela o máximo de informações. Alguns casos davam resultado, outros casos não. Muitas informações nós obtínhamos dessa maneira, e outras que não conseguíamos obter, entregávamos para outro serviço de informações... O próprio sujeito pedia para ser ouvido, porque às vezes existe essa preocupação de que um interrogador seja melhor do que o outro. Mas o sistema normalmente é válido. Essa história de tirar a roupa para ser ouvido, eu nunca ouvi falar. Nunca vi isso em interrogatório. As afirmações que a senhora está me fazendo de que o general Fiúza disse que a primeira coisa a fazer num interrogatório era tirar a roupa, isso realmente acontece e é uma preocupação do serviço de informações fazer uma vistoria completa no preso. Se é mulher ou se é homem. Agora, essa obrigatoriedade de tirar a roupa, não. Mas a obrigatoriedade de tirar e vestir a roupa de novo, é para evitar que houvesse alguma ampola de veneno para o preso tomar, para se suicidar, o que era muito comum. Principalmente na KGB, a polícia política russa, o espião quando caía em poder do inimigo, tomava uma cápsula de cianureto e se matava. Então, fazíamos isso para evitar um suicídio, pois a morte prematura iria impedir o acesso a informações que nós desejássemos. Daí a necessidade de se fazer uma fiscalização, uma vistoria completa no preso, de cima a baixo, dentro dos sapatos, dentro dos cabelos, na roupa, para ver se ele tinha algum objeto, algum aparelho de escuta, alguma arma. Isso era obrigatório. Tanto essa preocupação era válida, que um sargento nosso, lá na Bahia, foi morto por um subversivo que teria escondido uma pistola na manga da sua camisa, e quando o sargento deu as costas, ele alvejou o sargento na nuca e o matou.
(BURNIER, *João Paulo Moreira. João Paulo Moreira Burnier – depoimento, 1993*. Rio de Janeiro: CPDOC, 2005. Trecho de entrevista concedida por João Paulo Moreira Burnier. Disponível em: <http://www.fgv.br/cpdoc/historal/arq/Entrevista633.pdf>.)

Ao fim da leitura dos trechos das entrevistas, e de posse de outros materiais, como livros e reportagens da época, os alunos poderão ser reunidos em pequenos grupos para discutir e responder questões como:

- Quais foram os atores sociais envolvidos na Ditadura Militar brasileira? Qual é a narrativa dos militares sobre os eventos de 1964?
- Qual é a narrativa dos torturados sobre os mesmos eventos?
- Que elementos novos foram trazidos pelas entrevistas e que enriqueceram seu conhecimento?
- Em sua visão, qual é a narrativa mais aceita e valorizada nos dias de hoje? De que maneira as fontes orais se colocam diante dela?
- Quais os elementos oferecidos pelas fontes orais que se distinguem daqueles já conhecidos por você e difundidos nos materiais a que você tem acesso?
- Que grau de credibilidade pode-se oferecer às entrevistas como forma legítima de conhecimento sobre a Ditadura Militar? E às fontes oficiais?

Propõe-se que o professor apresente aos alunos, ao final da sequência de atividades (que pode abarcar algumas aulas e incluir produções textuais para casa), algumas das políticas de memória mais recentemente implantadas que estão dando ampla divulgação a relatos como esses. A instauração da Comissão Nacional da Verdade e a promulgação da Lei de Acesso à Informação, em 2011, são eventos que impactaram diretamente a percepção pública sobre a Ditadura Militar e que se tornaram parte inevitável das abordagens sobre esse assunto em nossas salas de aula. Podemos, junto aos alunos, discutir as circunstâncias históricas, nos campos político e social, que vêm favorecendo atividades desse tipo.

Histórias dos bairros e das cidades

Este é um tema muito versátil: todo bairro, toda cidade tem uma história interessante – e esse interesse é obviamente mais expressivo para aqueles que vivem nesses lugares. Uma possível sequência de atividades começaria com uma proposta do professor para que os alunos, antes da aula, fizessem uma pesquisa sobre a história de seu bairro e de sua cidade, em jornais, internet ou livros. Com base no levantamento, os alunos poderiam ser estimulados a responder algumas questões exploratórias, produzindo pequenos textos:

- A partir dos resultados de sua pesquisa, como você poderia contar a história de seu bairro e de sua cidade?
- Quem foram os primeiros moradores de seu bairro e de sua cidade? O que se sabe sobre eles?
- Como era a paisagem do bairro da cidade no passado?
- O que mudou em seu bairro em sua cidade nos últimos 100 anos? E ao longo de sua própria vida?

Essas informações poderão ser discutidas em conjunto com o conteúdo de entrevistas com moradores da região produzidas pelos alunos. Seguem alguns exemplos de entrevistas que tratam da história de diferentes bairros:

Entrevista – Sr. Antonio

"O bairro era muito alto, do morro dos Ingleses se avistava toda São Paulo, recebeu o nome de Bela Vista. Quando houve uma epidemia de varíola, lá por 1902, ficou então Bixiga, são as bexigas da varíola. Mudamos no mesmo bairro, para uma casa muito maior na Rua Conselheiro Ramalho onde vivemos muitos anos. Essa rua termina na avenida Brigadeiro Luís Antônio. Nossa casa era perto da avenida, tinha quinze metros de frente, por sessenta de fundo, quintal grande. Meu pai plantava milho no quintal. Os meninos brincavam de futebol nas ruas com bola de meia. Nos matagais fazíamos campinhos. Entre uma rua e outra, havia muita guerra a pedradas, um divertimento bom também. Não tivemos muitos brinquedos, fazíamos papagaios, os 'quadrados', para empinar no morro dos Ingreses. Brincávamos de pegador, de barra-manteiga, de roda."

(Trecho de entrevista do Sr. Antônio. In: BOSI, Ecléa. *Memória e Sociedade: Lembranças de velhos*. 7. ed. São Paulo: Companhia das Letras, 1994. p. 222-261.)

Entrevista – José Valdemiro da Silva

"No Brum havia umas centenas de casas de gente pobre, empregados das Docas, empregados do comércio mesmo de Recife, que não pagavam transporte, moravam ali e então era uma Aldeia porque todas as casas eram feitas na maioria de madeira coberta de zinco. Tinha o colégio do Padre Venâncio, onde se botava os filhos dos pobres pra estudar. O padre Venâncio era um homem muito caridoso, muito bondoso. Depois derrubaram tudo pra fazer tanque. Em Santo Amaro tinha aldeia do 14, que é hoje onde é mais ou menos ali perto daquela fábrica que tem tecidos, que era de Pessoa de Queiroz. Ali próximo ao cemitério havia a Aldeia do 14, também eram centenas de barracos de madeira, de barro, tudo coberto de zinco, então tinha o nome ali de Aldeia do 14, que era o lugar onde havia valentões, gente embriagada, peixeira na cinta, o diabo, a coisa ali era lugar perigoso. Mas ali no Brum até era lugar pacífico. Havia lendas, que vendia fiado ao povo, o pessoal comprava ali para pagar no fim de semana, hoje não existe isso, tem que ir tudo para o supermercado."

(MONTENEGRO, Antônio Torres.; SALES, Ivandro da Costa.; COIMBRA, Silvia Rodrigues. (Org.). *Bairro do Recife: porto de muitas histórias*. Recife: Gráfica Recife, 1989. p. 60-61. Trecho de entrevista concedida por José Valdemiro da Silva.)

Entrevista – Valdete Cordeiro

"E não foi coincidência ir para esse lugar. Nada de coincidência. Acho que tinha que estar lá porque cheguei e não tinha água, não tinha luz, não tinha rua. Tinha algumas casas, muito mato. E quando comparei o lugar onde eu fui criada, o bairro dos Funcionários, com o lugar onde eu estava morando, a diferença era muito grande. Mas pode ser igual, por que não? Aí comecei a pensar em como lutar pela melhoria daquele bairro, e não sabia como. Tinha uma mulher que estava

> visitando as mulheres, conscientizando dos direitos, dos deveres. Vou chamar as vizinhas, quem sabe está aí a solução para a melhoria do bairro?
>
> Cheguei a juntar 50 mulheres na minha casa. E começamos a lutar pela água, pela luz, por escola, por creche, a gente não tinha nada. E hoje nosso bairro é maravilhoso."
>
> (MUSEU DA PESSOA. *Todo mundo tem uma história pra contar.* São Paulo: Olhares; Museu da Pessoa, 2012. Trecho de entrevista concedida por Valdete Cordeiro. p. 69)

Ao terminarem a leitura dos trechos das entrevistas, os alunos poderão iniciar uma discussão em grupos para comparar o teor do que foi dito pelos entrevistados com as informações anteriormente levantadas sobre seu bairro/sua cidade, visando entender as contribuições e os questionamentos das histórias orais para a reflexão sobre sua própria região. Algumas perguntas possíveis, devidamente adaptadas às entrevistas selecionadas e aos bairros/às cidades de interesse, seriam:

- Em relação às lembranças do senhor Antônio sobre o bairro da Bela Vista, em São Paulo, o que mudou no cotidiano das crianças desde o início do século XX? Sua infância foi diferente da do senhor Antônio?
- Quais foram as mudanças físicas e sociais ocorridas em sua localidade, até onde você sabe? Elas se assemelham às memórias de José Valdemiro da Silva sobre o Bairro do Recife, na cidade do Recife? Havia figuras importantes em sua localidade, como o Padre Venâncio ou os valentões da Aldeia do 14?
- Você tem conhecimento de lutas por mudança social em sua localidade, a exemplo daquelas descritas por Valdete Cordeiro? Quais são as reivindicações pelas quais pode valer a pena lutar, a partir da inspiração oferecida por essa entrevista?
- Quais as contribuições oferecidas pelas entrevistas à construção da história local? Que outras fontes poderiam se juntar às orais para um conhecimento sólido sobre seu bairro e sua cidade?

MENSAGEM FINAL AO PROFESSOR

Neste livro, buscamos mostrar as infinitas possibilidades de uso da história oral na sala de aula, apresentando uma variedade de recursos didáticos e de desdobramentos interdisciplinares que ela possibilita. Sem a pretensão de prescrever ou fornecer receitas – afinal, não é disso que se trata a prática pedagógica –, tentamos oferecer algumas orientações práticas para que professores do ensino médio (e fundamental) possam se aventurar em seus primeiros projetos com entrevistas junto aos estudantes, ou simplesmente enriquecer seu próprio repertório de instrumentos didáticos. A história oral, nesse sentido, é uma janela que permite entrever muitas dimensões: a memória, a narrativa, a subjetividade, a oralidade, entre tantas outras que se entrelaçam no que é narrado e no que é ouvido.

Os exercícios e as sequências didáticas aqui propostos devem sempre ser adaptados às necessidades de cada tema tratado ou de cada escola, e mesmo de cada turma. Essas atividades, longe de serem imutáveis, são somente um norte, um ponto de partida para que cada professor, diante de seus objetivos e suas demandas curriculares e movido por suas concepções, possa transformar essas ou inventar suas próprias sequências e atividades envolvendo memória e fontes orais. Por mais que as ideias sejam balizadas pelos contextos institucionais em que se inserem – que vão dos projetos político-pedagógicos de nossas escolas aos textos legais, como os Parâmetros Curriculares Nacionais –, é sempre bom lembrar que planejar um curso é, afinal, um trabalho criativo.

Apresentando um amplo panorama da história oral (sua história, seus conceitos, suas contribuições para o ensino), procuramos argumentar que ela abre caminho para um tipo de aprendizagem mais participativa e cidadã, contribuindo para a valorização da memória da comunidade, da escola e da sociedade como um todo. Por desenvolver a habilidade da escuta, ela estimula o aluno a compartilhar e a aprender com as experiências de outras pessoas.

Esperamos que este livro seja uma contribuição positiva para o trabalho dos professores do ensino médio e que favoreça o nosso almejado objetivo de promover aprendizagens significativas em nossos estudantes, sábios e curiosos, produtores de conhecimento – um conhecimento que, vale a pena repetir, está ao alcance dos ouvidos.

REFERÊNCIAS

ALBERTI, Verena; PEREIRA, Amilcar Araújo (Org.). *Histórias do movimento negro no Brasil: depoimentos ao CPDOC*. Rio de Janeiro: Pallas; CPDOC-FGV, 2007.

Alberti, Verena. *Manual de história oral*. Rio de Janeiro: Editora FGV, 2005.

ALVES, Luiz Roberto. Comunidade e escola, memória e produção cultural. *Comunicação & Educação*, n. 10, p. 24-32, set.-dez. 1997.

ANDRADE, Carlos Drummond de. *De notícias e não-notícias faz-se a crônica*. Rio de Janeiro: Record, 1993.

AYERS, William; AYERS, Richard. Foreword. In: MAYOTTE, Cliff. *The Power of the Story: the Voice of Witness Teacher's Guide to Oral History*. San Francisco: Voice of Witness, 2012.

BARROS, Manoel de. *Memórias inventadas: a infância*. São Paulo: Planeta, 2003.

BARROS, Manoel de. *O livro das ignoräças*. Rio de Janeiro: Record, 2004.

BECKER, Carl L. Everyman His Own Historian. *American Historical Review*, v. 37, n. 2, p. 221-236, 1932.

BELÉM: uma história que queremos contar. São Paulo: Instituto Nossa Senhora Auxiliadora, 2004.

BORGES, Jorge Luis. *Obras completas de Jorge Luis Borges*. V 1. Tradução de Carlos Nejar. São Paulo: Globo, 1999. Disponível em: <https://teoriadoespacourbano.files.wordpress.com/2013/02/borges-ficc3a7c3b5es.pdf>. Acesso em: 10 fev. 2015.

BOSI, Ecléa. *Memória e sociedade: lembranças de velhos*. 7. ed. São Paulo: Cia. das Letras, 1994.

BOSI, Ecléa. *O tempo vivo da memória: ensaios de Psicologia Social*. 2. ed. Cotia, SP: Ateliê Editorial, 2003.

BRITO, Fábio Bezerra de. História oral escolar: uma experiência no Ensino Médio. *NEHO-História*, n. 0, p. 43-52, jun. 1998.

BRUNER, Jerome. *Realidade mental, mundos possíveis*. Porto Alegre: Artes Médicas, 2002.

BURNIER, João Paulo Moreira. *João Paulo Moreira Burnier – depoimento, 1993*. Rio de Janeiro: CPDOC, 2005.

CAMARGO, Haroldo Leitão. Patrimônio e Turismo, uma longa relação: história, discurso e práticas. *Patrimônio: Lazer e Turismo*, maio 2005. Disponível em: http://www.unisantos.br/pos/revistapatrimonio/artigos.php?cod=33. Acesso em: 23 jan. 2013.

CAVALCANTI, Pedro Celso Uchôa; RAMOS, Jovelino. *Memórias do exílio*. São Paulo: Livramento, 1978.

CONSANI, Marciel. *Como usar o rádio na sala de aula*. 2. ed. São Paulo: Contexto, 2012.

CORRÊA, Carlos Humberto Pederneiras. *História oral: teoria e técnica*. Florianópolis: Ed. UFSC, 1987.

CRESPO, Ana Maria Morales. *Da invisibilidade à construção da própria cidadania*. 2009. 399 f. Tese (Doutorado em História Social) – Faculdade de Filosofia, Letras e Ciências Humanas, Universidade de São Paulo, São Paulo, 2009.

EAKIN, Paul John. *How Our Lives Become Stories: Making Selves*. New York: Cornell University Press, 1999.

FERREIRA, Marieta de Moraes; FORTES, Alexandre (Org.). *Muitos caminhos, uma estrela: memórias de militantes do PT*. São Paulo: Ed. Fundação Perseu Abramo, 2008. v. 1.

FRISCH, Michael. *A Shared Authority: Essays on the Craft and Meaning of Oral and Public History*. New York: SUNY Press, 1990.

GARCÍA MÁRQUEZ, Gabriel. *Relato de um náufrago*. Tradução de Remy Gorga Filho. Rio de Janeiro: Record, 1970. [s.p.].

GLUCK, Sherna Berger. What's So Special about Women? Women's Oral History" [1977]. In: ARMITAGE, Susan. H.; HART, Patricia; WEATHERMAN, Karen (org.). *Women's Oral History*. Lincoln / London: University of Nebraska Press, 2002.

GRUWELL, Erin (*et alli*). *The Freedom Writers Diary: How a Teacher and 150 Teens Used Writing to Change Themselves and the World Around Them*. New York: Main Street Books, 1999.

HALBWACHS, Maurice. *A memória coletiva*. Tradução de Beatriz Sidou. São Paulo: Centauro, 2006.

HEBLING, Milene Cristina. Ditadura, repressão e resistência: memórias de um militante político. *História Oral*, v. 15, n. 2, p. 217-241, jul./dez. 2012.

IZQUIERDO, Iván. *A arte de esquecer: cérebro e memória*. 2. ed. Rio de Janeiro: Vieira & Lent, 2010.

IZQUIERDO, Iván. *Questões sobre memória*. São Leopoldo, RS: Editora Unisinos, 2004.

KLUGER, Ruth. Verdade, mentira e ficção em autobiografias e romances autobiográficos. In: GALLE, Helmut *et al.* (Org.). *Em primeira pessoa: abordagens de uma teoria da autobiografia*. São Paulo: Annablume, 2009.

KOTRE, John. *Luvas brancas: como criamos a nós mesmos através da memória*. Tradução de Flávia Villas Boas. São Paulo: Mandarim, 1997.

LANMAN, Barry A.; WENDLING, Laura M. Introduction. In: LANMAN, Barry A.; WENDLING, Laura M. (Org.). *Preparing the Next Generation of Oral Historians: an Anthology of Oral History Education*. Lanham, MD: Altamira Press, 2006. p. xvii-xxiv.

LEE, Harper. *O sol é para todos*. São Paulo: Círculo do Livro, 1960.

LEJEUNE, Philippe. *O pacto autobiográfico: De Rousseau à internet*. Trad.: Jovita Maria Gerheim Noronha e Maria Inês Coimbra Guedes Belo Horizonte: Editora UFMG, 2008

LETTS, Julia. Oral History and Schools: Practical Tips for Getting Started in the Classroom. *The Journal of the Oral History Society*, v. 39, n. 1, p. 104-108, 2011.

LONDON, Sônia Helena Dória (Coord.). *Guia histórias da nossa terra*. São Paulo: Museu da Pessoa, [s.d.].

McKIBBIN, Kerry (Org.). *Linking Literature: Using Oral History to Connect Books to the World*. New York: Student Press Initiative, 2004.

MAGALHÃES, Valéria Barbosa de. *O Brasil no Sul da Flórida: Subjetividade, identidade e memória*. São Paulo: Letra e Voz, 2011.

MONTENEGRO, Antônio Torres; SALES, Ivandro da Costa; COIMBRA, Silvia Rodrigues (Org.). *Bairro do Recife: porto de muitas Histórias*. Recife: Gráfica Recife, 1989.

MUSEU DA PESSOA. *Todo mundo tem uma história pra contar*. São Paulo: Olhares; Museu da Pessoa, 2012.

NEVINS, Allan. *The Gateway to History*. Boston; New York: D. C. Heath and Company, 1938.

OLÍMPIO, Marco Aurélio. *Imagens musicais*. São Paulo: SESC-SP, 2009.

PATAI, Daphne. *Brazilian Women Speak: Contemporary Life Stories*. New Brunswik, NJ: Rutgers University Press, 1988.

PATAI, Daphne. *História oral, feminismo e política*. São Paulo: Letra e Voz, 2010.

PATROCÍNIO, Stela do. *Reino dos bichos e dos animais é o meu nome*. 2. ed. Rio de Janeiro: Azougue, 2009.

POPULAR MEMORY GROUP. 1998. Popular memory: Theory, Politics, Method. In Perks, R and Thomson, A. (eds.). The Oral History Reader. London: Routledge, 75-86.

PURKIS, Sallie. *Oral History in Schools*. Colchester: Oral History Society, 1980.

QUEIROZ, Maria Isaura Pereira de. Histórias de vida e depoimentos pessoais. *Revista de Sociologia*, v. 15, n.1, mar. 1953.

SANTHIAGO, Ricardo. *Solistas dissonantes: história (oral) de cantoras negras*. São Paulo: Letra e Voz, 2009.

SANTHIAGO, Ricardo; MAGALHÃES, Valéria Barbosa de (org.). *Memória e diálogo: Escutas da Zona Leste, visões sobre a história oral*. São Paulo: Letra e Voz/Fapesp, 2011.

SANTHIAGO, Ricardo; MAGALHÃES, Valéria Barbosa de (org.). *Depois da utopia: A história oral em seu tempo*. São Paulo: Letra e Voz/Fapesp, 2013.

SCHWARZSTEIN, Dora; FINOCCHIO, Silvia; PLOTINSKY, Daniel. A Dialogue Between Generations: a Video Oral-History Experience in an Argentina High School. *Proceedings of the IXth International Oral History Conference: Communicating Experience*. Gothenburg: [s.n.], 1996. v. 1. p. 197-201.

TONINI, Marcel. Presença e atuação feminina no futebol brasileiro. In: _____. *Narrativas e experiências: histórias orais de mulheres brasileiras*. 2. ed. São Paulo: Letra e Voz, 2011. p. 148-149.

TRINDADE, Solano. *O poeta do povo*. São Paulo: Ediouro, 2008.

VOLDMAN, Danièle. Oral History in France. In: DUNAWAY, David K.; BAUM, Willa K. (Org.). *Oral History: an Interdisciplinary Anthology*. Walnut Creek: Altamira Press, 1996. p. 380-390.

WHITMAN, Glenn. *Dialogue with the past: Engaging students & meeting standards through oral history*. Lanham, MD: Rowman & Littlefield, 2011.

Este livro foi composto com tipografia Minion e impresso
em papel Offset 90 g/m² na Gráfica Paulinelli.